DEBUG YOUR THINKING!

コンサルの武器

織田一彰

監修 Goodfind

クロスメディア・パブリッシング

突然ですが、あなたはこれらの主張を「正しい」と思いますか。「正しくない」と思う場合、その理由を説明できますか。

□ 1　幸せとは経済的豊かさのことである

□ 2　大人ならわかるが、彼は子どもだからわからない

□ 3　日本人は親切だ。彼は親切だから日本人だ

□ 4　選ぶなら得意な仕事か、好きな仕事か

□ 5　彼も彼女も青い服を着ている。今年は青が流行っている

□6　またフェイクニュースだ。ネットの情報は間違っている

□7　売り上げアップには単価と数量が論点だ

□8　降水確率は50％だ。だから今日は傘はいらない

□9　バスケットボールをすると身長が伸びる

□10　カレーを食べたら、テストの点数がよくなった

□11　日本経済停滞の原因は教育にある

解説は16ページへ

はじめに

「バスケットボール選手は背が高い。バスケットボールをして背を伸ばそう」
「商品Aはいいらしい。私もAを使って、いいと思った。やっぱりAはいいんだね」

これらは日常でよくある会話です。

しかし残念ながら、これらは論理的に考えるならば両方とも正しいとはいえず、発言者がこのように考えて行動しても、期待した結果を得られない可能性が高いでしょう。身長を高くしたいときにバスケットボールをしても高くはなりませんし、商品Aがよいと思って友人にすすめても、友人にとってはそれほどではないかもしれないのです。

では、次はどうでしょうか？

「A事業部が好調です。ユーザーがどんどん増えているからですね」
「ドイツの経済が好調だ。アメリカも悪くない。景気は悪くない！」

今度はビジネスの場面になりました。
実はこちらも両方、論理的な考察としては必ずしも正しいとはいえません。しかも、冒頭の文章とまったく同じ形式をしています。前者は「因果関係」を含む文で、問題解決の基礎となる「AならばBである」という形式をとっています。後者は経験則などに代表される「帰納的な推論」というものです。

最後にもう一つだけ、例を挙げましょう。

「Aさんはワクチンを打ったから、インフルエンザにかからなかった。Bさんもワクチンを打ったので、かからなかった。でも、Cさんはワクチンを打ったのにインフルエンザにかかった。結局、ワクチンは効くの？　効かないの？」

論理的に考えるなら、どうでしょうか？

もしくは、これは論理的に処理できる問題でしょうか？

これは論理学の「全称命題と特称命題」という用語で説明でき、本書で解説します。

私たちは普段から、当たり前のように言葉を使って考えたり判断したりしていますが、そこにはいくつもエラーがあります。それに気がつかないまま毎日を過ごしていると、せっかく考えたことがまるで的外れになり、期待した通りの結果がまったく得られません。

コンピュータープログラムのエラーを「バグ」といいます。機械が想定通りに動かないときなどに、よく「バグってる」といいますよね。同じように、**私たちの頭の中もバグっていて、正常に動かすには脳内にあるバグを取り除かなければいけません。**

本書は、私たちが日ごろ使っている脳内の回路を検証しなおして、思考のバグを修正するためのものです。

本書でお伝えするのは、**ビジネスに役立つ「論理的な考え方」**です。

論理的にものごとを考えることを、ここでは「(論理的)推論」と呼びます。本編で詳しく説明しますが、推論の基本形である「AならばBである」というシンプルな一文の中にも、私たちは無意識にたくさんのバグを仕込んでしまっています。

「AならばBである」が意味することは、〈Bという結果〉を導くためには〈Aをする〉必要があるということです。これは問題解決の大原則で、「原因」と「結果」の関係を明らかにすることで、ものごとを期待通りに導けるようになるわけです。

「論理」について正しく理解すれば、頭の中のバグを取り除き、正しく考えることができます。そして、「論理」を武器に仕事をしているのが、コンサルタントという人たちです。

彼らは、経営者でもないのに、経営上の難題を解決することを生業としています。なぜ、そんなことができるのでしょうか。

それは、**「論理」という武器を使いこなしているから**です。

しかし、論理はなにもコンサルタントだけの武器ではありません。

自身の望む結果を手に入れたいと思っているビジネスパーソンが、これから論理を学んで自らの武器にすることは十分に可能です。

論理をいったん理解して習得してしまえば、思考のレベルをいっきに引き上げることができます。これまで仕事で思い通りの成果を出せていなかった人が、論理的に物事を考えるようになったことで、問題の本質に目を向けられるようになり、どのような分野でも成果を出せるようになる。そんなことも夢ではありません。

遅ればせながら、自己紹介をさせてください。

私は、1993年に理学部数学科の博士課程から外資系コンサルティングファームに就職しました。数学の研究者になる予定でしたが、社会に出てみたくなり、日本とアメリカで働く戦略コンサルタントになりました。

コンサルタントになってからは、ロジカルシンキング（論理的思考）のトレーニングをたくさん受け、実務でもたくさん使い、研修の講師まで務めました。私にとってコンサルタントの仕事は研究と似ていて、1日10時間は論文と格闘するような生活がコンサルタントになってからも続いていきました。

しかし、実務の世界でロジカルシンキングを使えば使うほど、頭の中のモヤモヤが大きくなっていきました。それは、実務で使うロジカルシンキングが数学のような完全に近い論理体系とはほど遠かったからです。

その後、頭がモヤモヤしたまま起業家になり、いくつも会社を立ち上げて、上場や売却を経験しました。起業家は自身の意思決定の結果が会社の業績にすべて返ってくるため、コンサルタントよりもはるかにシビアな世界です。そのため、論理を使うにしても、本当に使える部分を正しく使う必要がありますし、そのためには使える部分がどこかわかる必要があります。

起業家の実務を通して、ビジネスに本当に使える論理とは、論理学では当たり前のいくつかの知識だと帰結しました。それをまとめたのが本書です。

◇

本書の想定読者は、仕事で結果を出したいと考えるビジネスパーソンのみなさんです。その中には、現役で活躍されているコンサルタントも含まれます。

というのも、私はコンサルティング業界で30年以上経験を積んできて、自分を含め、**論理を武器としているはずのコンサルタントでさえ頻繁にバグを起こす**ことを知っています。

しかも、それらは先ほども紹介した「AならばBである」という単純な形式の中に多く見つかります。この単位でバグが起こるなら、より複雑な問題に取り組むときにはバグだらけになり、致命的な問題に発展する可能性もあります。

それを防ぐには、基本の「キ」にあたる最小単位の論理を学び直し、脳に棲みつくバグを根気よく追い出すしかありません。

また、コンサルタントとして活躍していても力不足を感じている人が最近多く見られます。それは、コンサルティング業界で使われているのはフレームワークを使った「情報の構造化」が中心で、論理的思考のもう一つの柱である「論理的な推論」に関しては個人の力量にゆだねられている現実があるからだと私は考えています。

実際、数学科の博士課程で学んだ私は、ピラミッド構造などの「情報の構造化」はコンサルタントの強力な武器として機能していると捉えていましたが、現場で使われている「論理的な推論」については自然科学で使う論理と大きな差を感じていました。

◇

本書の1〜3章は基本編として、特に「AならばBである」という論理の最小単位で内容を判断したり考えたりするプロセスについて解説します。4〜6章は応用編として、より複雑なものごとを系統立てて考えたり、コンサルタントがよく使っている問題解決の方法について事例を挙げて解説したりしています。

論理学について習熟している方や、とにかく実務に関心がある方は、第4章以降から読みはじめても構いません。

内容が難しく感じられる場合は、完璧に理解していなくてもいったん先へ読み進めてください。最初は30％の理解でも何度も読み返しているうちに50％、70％……と理解が進んでいくものです。学者になった多くの先生方も、そのような方法で難解な内容を学習しています。

また、途中に「もっと詳しく」というコーナーがありますが、本書の内容をざっくり把握したい方は、読み飛ばしても問題はありません。

それでは、はじめましょう。

「論理」を武器にするまでのマップ
第5章
数と解釈
大きさオンチ病
ゴッ
ゴッ
第4章
複雑さと構造化
フレームワーク病
ハア
ハア
ハア
START
第1章
私たちはバグっている
マークシート病

GOAL
論理という
武器を
手に入れた
ワイを
どんどん
使っとくれ!
第6章
問題解決
の論理
犯人
捜し
病
思い
込み
病
因果相関
混同
病
応用ステージ
基本ステージ
第3章
現実世界
の論理
楽勝～♪
二択病
第2章
シンプルな
論理
ステレオ
タイプ
病
一般化
しすぎ
病
それだけ
じゃない
病
前提から
バグ病

『コンサルの武器』 目次

はじめに 4
「論理」を武器にするまでのマップ 14

第1章 私たちはバグっている

私たちの脳に棲みつく11の論理バグ 22
論理とは何か? 29
「幸せとは経済的豊かさのことである」(マークシート病) 39

第2章 シンプルな論理

答えが決まるものばかりではない 56

「大人ならわかるが、彼は子どもだからわからない」（前提からバグ病） 66

「日本人は親切だ。彼は親切だから日本人だ」（それだけじゃない病） 70

「選ぶなら得意な仕事か、好きな仕事か」（二択病） 81

「彼も彼女も青い服を着ている。今年は青が流行っている」（一般化しすぎ病） 95

CASE この薬を飲んだら、病気が治った！ 105

CASE 4枚カード問題をもう一度考えてみる 109

第3章 現実世界の論理

「またフェイクニュースだ。ネットの情報は間違っている」（ステレオタイプ病） 122

「すべて」なのか、「ある」なのか？ 135

論理の道具はそろった！ 142

第4章 複雑さと構造化

なぜ、情報の構造化が必要なのか？ 152
「売り上げアップには単価と数量が論点だ」（フレームワーク病） 158
フレームワークについての誤解 167
数字と構造を結びつける「フェルミ推定」 177

第5章 数と解釈

「降水確率は50%だ。だから今日は傘はいらない」（大きさオンチ病） 184
「大きさオンチ病」に対する処方箋 192
CASE 起業したいなら、あの会社に転職すべき？ 200
CASE 本当に感染している？ 204

第6章 問題解決の論理

「バスケットボールをすると身長が伸びる」（因果相関混同病） 212
「カレーを食べたら、テストの点数がよくなった」（思い込み病） 227
「日本経済が停滞している原因は教育にある」（犯人捜し病） 232
CASE 炭酸飲料の売り上げを改善したい 235
CASE 英語の勉強が続かないときは？ 241

おわりに 248
参考文献 255

ブックデザイン　都井美穂子
挿絵　齋藤稔（G-RAM.INC）／齋藤維吹
DTP・校正　株式会社RUHIA

第1章

私たちはバグっている

本章であつかう病

□「幸せとは経済的豊かさのことである」（マークシート病）

私たちの脳に棲みつく11の論理バグ

冒頭2ページに掲載した11題の主張について、あなたが「正しい」と思った文章は何題ありましたか。

実は、すべての文章は論理的には正しいとはいえないものでした。いったいどこが論理的におかしかったのでしょう。

いずれも名前が付いている典型的な誤りですが、専門用語が多いと嫌になる人もいると思うので、本書では次のように「〇〇病」と呼ぶことにします。

11題の文章は、それぞれ次のような病におかされています。

□1　幸せとは経済的豊かさのことである↓**「マークシート病」**

□2 大人ならわかるが、彼は子どもだからわからない→**「前提からバグ病」**
□3 日本人は親切だ。彼は親切だから日本人だ→**「それだけじゃない病」**
□4 選ぶなら得意な仕事か、好きな仕事か→**「二択病」**
□5 彼も彼女も青い服を着ている。今年は青が流行っている→**「一般化しすぎ病」**
□6 またフェイクニュースだ。ネットの情報は間違っている→**「ステレオタイプ病」**
□7 売り上げアップには単価と数量が論点だ→**「フレームワーク病」**
□8 降水確率は50%だ。だから今日は傘はいらない→**「大きさオンチ病」**
□9 バスケットボールをすると身長が伸びる→**「因果相関混同病」**
□10 カレーを食べたら、テストの点数がよくなった→**「思い込み病」**
□11 日本経済停滞の原因は教育にある→**「犯人捜し病」**

いずれも、私たちがふだん暮らしているとよく耳にするかたちの主張です。

私たちは日ごろ、なにげなく考えて結論を出しています。すると、知らず知らずのうちに論理的に誤った考え方をしてしまい、意味のない結論を導いたり無駄な努力を繰り返したりしていることがあります。

論理的に考え直せば、その誤りに気づくこともあります。けれども、誤りの多くは自覚されないまま、人はほとんど反射的に誤った意思決定をしてしまうのです。

それを防ぐには、論理を理解し、意識して考えを修正していくほかありません。

本書ではその助けとなるように、11の病の詳しい症状と処方箋をこれから順番に解説していきます。

人は必ずしも、よく考えて意思決定しているわけではない

誤った意思決定については、心理学における研究が盛んなので、ここで紹介しておきましょう。

有名な話なのでご存じの方も多いでしょうが、2002年にノーベル経済学賞をとったダニエル・カーネマン博士は、著書『ファスト&スロー』で、人が問題解決のた

めに意思決定するときには、暗黙のうちに誤った簡便な解法を使うことを指摘しています。

人々は経験則にもとづいて意思決定することが多く、それは簡便であっても必ずしも正しくはなく、むしろ判断結果に一定の偏り（バイアス）を含んでいることが多いと彼は主張しています。このような経験則や先入観によるバイアスを「確証バイアス」と呼びます。

バイアスもまた、誤った考え方（思考のバグ）の一種です。

先入観があるとき、人は判断を誤りがちですが、論理的に正しく考えることができれば判断を誤らないですみます。

例として、次のような問題を考えてみましょう。

4枚カード問題

問題

4枚のカードがあり、それぞれ片面にはアルファベットが、もう片面には数字が書かれている。それぞれのカードは「A」「K」「4」「7」の面が見えている状態である。

このとき、「片面が母音ならば、その裏面は偶数である」というルールが成立しているかを調べたい。最低限どのカードをめくると、そのルールが成立していると判明するだろうか。

図1　4枚カード問題

正解は「A」と「7」です。しかし、「A」と「4」とする誤答がよく出てきます。

詳しい解説は第2章にゆずりますが、少しだけ説明します。母音でないカードの裏は何でもいいので、「K」は調べる必要がありません。「4」は偶数なので、その裏が母音でも子音でもルールには反することはありません。けれども、「7」は奇数なので、もしその裏が母音ならばルールに反することになります。よって、「A」と「7」が答えです。

この種類のバグは、論理的に考えることで避けられます。

少し専門的な言葉を使うなら、高校数学に出てきた「命題論理」を理解していれば間違えなかったでしょう。ただ、そういった専門用語はのちほど説明しますので、ここではいったん横に置いておきましょう。

論理的に考えることができれば、すべてのバイアスや誤った推論を避けられるわけではありません。けれども、誤りがちな考えや意思決定を修正して、望んだ結果を得られるようにするなどの効果は見込めます。そのために、論理学的によい推論（「妥当な推論」と呼びます）とはどのようなものかを解説していきます。

特に最近では、インターネットで情報を得ることも増えています。それにともない、人々を惑わすフェイクニュースも増えています。本物の情報とフェイクニュースの区別がつきにくくなっている時代だからこそ、情報を発信する側も受信する側も、氾濫する情報をどう取り扱うのかがとても大切になってきています。

論理的に情報を処理する能力は現代人にとって必要な能力なのです。

論理とは何か？

私たちが日ごろなにげなく使っている「論理」という言葉は、何を指すのでしょうか。

論理とは、思考のもとになるルールのことです。

そもそも「論理」の語源は、古代ギリシャ語のロゴス（logos＝言葉）です。

人類は考えるときにイメージなどの非言語と言語の両方を使いますが、他人に伝えたり説明したりするときには主に言語を使います。人類がだんだんと難しいことを考えるようになると、言語の中にも一定のルールができ、それが「論理」という言葉で表現されるようになりました。

私たちもなにげなく日常を過ごしているようでも、その中に一定のルールやパターンを認識して、無意識のうちに使っています。ルールがあるから、毎回改めて新しいことを考えなくとも、ルールに当てはめて簡単に物事を進められるわけです。

ルールとは、例えば「需要と供給の法則」や「万有引力の法則」など、多くの人が正しいと認めている法則や定理のことです。なにも経済や物理でなくとも、「曇ってきたから雨が降りそう」と考えることもまたルールをもとに物事を考えている例です。「曇ってきた」という事実から「雨が降りそう」という、まだ起こっていない未来を予測しているのです。これを「論理的推論」といいます。

ルールをもとに考えるとき、そのルールが正しい言葉で表現されていなければ、正しく考えることはできません。そこで、論理的に考えるときには論理的に表現することも同時に必要になってきます。

論理的推論の例をいくつか見ていきましょう。

「哺乳類ならば、せきつい動物である」

「自然数　n＞7ならば、n＞3である」

「気圧が下がると、雨が降る」

よく見ると、これらの推論はすべて次のかたちになっています。

「AならばBである」

このように文章のかたちや意味から、論理的な構造を一般化して意味とともに考えるものを「論理学」と呼んでいます。

「論理学」を語るときに欠かせないのが、「**命題**」です。「命題」とは「**真か偽が１つにはっきり決まる文**」と定義され、「Aならば B である」というかたちは命題の一

図2　論理的推論はパターン化できる

種です。

論理学は、科学の基礎としてとても大切です。論文の審査では必ず論理的な厳密性がチェックされるので、文系でも理系でも論文を書くときは推論のミスをしないように細心の注意を払います。

しかし、いったん学問の世界から離れて社会に出ると、研究の世界ほどの論理的な厳密さは要求されなくなります。その代わり、スピードや現実性といった別の要素を重視しながら物事を考えるようになります。

すると、正しい判断回路を持っていながらそれを使わず、いつのまにか心理学的なバイアスによって周囲の意見に流されたり、権威のいうことを無条件に信じたりし、論理的でない判断をするようになることがあります。そのため、論文を書いたことがある人でも自らの考え方をたびたびチェックする必要があるのです。

私たちは「AならばBである」で間違える

「AならばBである」

これは極めてシンプルで、わかりやすいかたちの推論です。あなたもよく使っているのではないでしょうか。

しかし、**推論の基本形としては最小単位の「AならばBである」で、実は多くのバグが引き起こされています。**シンプルな推論ゆえに多くの使い方があり、それらを区別せずに多用するので、バグを起こしてしまうのです。

一般的に、「論理的推論」は次の3つの要素から構成されます。

①前提となる事実などの情報（「A」とする）
②もとの情報から導かれた正しい判断
③導かれた結論（「B」とする）

この「論理の三要素」は、イギリス出身の科学哲学者、スティーヴン・トゥールミンによる「トゥールミンモデル」と呼ばれています。

これは「AならばBである」という文章があるとき、この文章自体が正しく、かつAが当てはまるときにはBも当てはまるという内容と完全に一致しています。

第2章で詳しく述べますが、「AならばBである」というかたちは、ものごとの理由づけや関係性を示すときに非常によく使います。真と偽という2つの値をとるこの形式に、実は誤りが多く含まれます。

さて、第2章に登場する3題の文章を論理学の書き方に変換してみます。

「大人ならわかるが、彼は子どもだからわからない」

→「AならばBである。AでないならばBでない」

「日本人は親切だ。彼は親切だから日本人だ」
↓「AならばBである。BならばAである」

「選ぶなら得意な仕事か、好きな仕事か」
↓「AかBがアタリのときに、AがアタリならBはハズレ」

このように論理学の書き方に直してみると、これらの主張のおかしさに気づく人も増えてくるのではないでしょうか。これらの文章については第2章でより詳しく説明しますので、まだピンと来ていない人も安心してください。

論理的に考える習慣を身につけると、これらのような典型的な推論のエラーにはすぐに気づくようになります。

もっと詳しく

悪政に対抗するために論理学が生まれた

古代ギリシャ時代の大家の一人であるアリストテレスは、「論理」を扱う「論理学」を体系的に整理しました。その偉業は中世以降まで、ほとんどそのままのかたちで引き継がれています。

彼は、「すべての人間は死ぬ」「ソクラテスは人間である」、したがって「ソクラテスは死ぬ」という、かの有名な「三段論法」をはじめ、全称命題や特称命題といった概念を用いた「論理的推論」を体系化しました。

正しい推論と正しくない推論を分けて、人々が正しく判断できるようにするための道具をつくったのです。

その目的は、古代ギリシャに存在した大衆を扇動する政治家（デマゴーグ）に人々が偏らないように、学問として対抗することにありました。残念ながら彼の努力は実を結ばず、やがてギリシャは大衆政治により衰退しました。

現代でも、この傾向はあります。一部の政治家や団体がインターネットを使って情報操作し、情報処理に弱い大衆を自らに有利な体制に導く危険性は常にあります。そういう意味では、アリストテレスの時代と似ているところがあるのかもしれません。

アリストテレスの考え方は、世の中で起こっている現象をどのように言語と結び付けて表現したり考えたりするか、という思想がもとになっています。それが学問として体系化されたものを形而上学（けいじじょうがく）といい、その後の学問の規範となりました。多くの哲学者や科学者が彼の手法にならって、さまざまな分野で研究を進めました。

彼の考えた幅広い分野のうち論理学的な部分は、現代に通じる論理学の基礎として18～19世紀まで大きな変化もなく使われ、研究されてきました。

19世紀になるとゴットロープ・フレーゲとバートランド・ラッセルによって古典論理学から現代論理学へと進化し、言語を用いた哲学としてルートヴィヒ・ウィットゲンシュタインによって現在の基礎がつくられました。これは現代では「科学哲学」とか「言語哲学」と呼ばれる分野で、「言葉とは何か？」「言葉で何を表現するか？」などのテーマで研究されています。

論理学は情報工学でも応用されています。

数学者のアラン・チューリングなどの研究を経て、0と1に分ける論理学の手法がそのまま1ビット単位のコンピューター・プログラミングの世界で実現され、コンピューターは進歩してきました。論理学の一部の考え方が「実学」となり、現代で活用されているわけです。

「幸せとは経済的豊かさのことである」(マークシート病)

「幸せとは経済的豊かさのことである」

冒頭のテストで出てきたこの文章は、論理的とはいえません。なぜでしょうか。

たとえば、同類の例として次のような文章があります。

- 将来起業したいなら、A社に入社するのがよい
- リーダーシップはどこで学べるのか?
- 人生の意味は旅することで得られる
- 嘘はいけないことである

これらの文章を正しいと思ってしまう病を、本書では「マークシート病」と呼びます。大学受験や資格試験など多くのテストで使われるマークシート形式は、多くの人が経験済みでしょう。マークシートではたいてい、答えは1つだったのではないでしょうか。しかし、**世の中にある一般的な問題はマークシートのように答えが1つに決まりません。**

「幸せとは経済的豊かさのことである」というのは、ある程度は当てはまります。「これのどこが変なの？」と思う人もいるでしょう。ただ、言うまでもなく何が幸せかは人によってさまざまであり、この一文が絶対に正しいとはいえません。

ほかの文章も同じです。

起業したければ、同じような思いを持つ人がいる会社に入れば有利になるかもしれません。リーダーシップを学ぶことも、英語の勉強することも、それなりに適した環境は存在しますが、それがたった1つの答えだと考えるのは論理的とはいえません。実際にはさまざまな成功例があり、方法は１つではないはずだからです。

また、マークシート病にはもう一つ症状があります。

マークシートに慣れると、「問題には答えがあり、その問題を解く方法がわかれば解ける」と考えてしまうことです。しかし、現実には問いに答えがある保証はありません。私たちは論理というツールを過大評価し、**「論理的に考えれば、どんな問題でも答えを出せる」と勘違いしがち**です。でも、そうではないのです。

つまり、この病にかかる人は次のような2つの間違いを犯しているわけです。

（1）答えが存在することを前提としていること
（2）答えは１つだけと仮定していること

論理的な考え方を理解すると、どこでどのような論理を使っているか、またその論理の限界もわかるようになります。

論理的に考えようとするとき、そのために必要な情報や時間、判断するためのノウハウが足りないことがあります。あらかじめ論理の限界を知っておくことで、無用な時間を使ったり過剰な期待をなくしたりすることもできます。

論理は有用なツールですが、万能ではないのです。それを知っておくことで、この武器をより上手に使いこなせるようになるのです。

形式論理と非形式論理

数学では、問題に答えがないとわかれば、そこで解くことをやめて終わります。ところが、答えがないとわからない場合は、いつまでも考え続けることになるかもしれません。原理上は存在しない答えを求めようとすることは無駄なので、「答えがない」ことに早く気づく必要があります。

問いに答えがあるかどうかを考えるときに出てくる概念が、論理学でいうところの

「形式論理」と**「非形式論理」**です。

「形式論理」とは、答えが1つに決まるマークシートの世界です。

この言葉自体を厳密に定義することは難しいのですが、**考えるときに言葉を形式的に矛盾なく使うというルールを持った論理のことを「形式論理」**といいます。

「形式論理」の例で最も典型的なものが数学です。

定義から始まり、それをもとに定理なりが証明され、問題にははっきり答えが出ます。数学の証明で使う、「定義」や「公理」から「証明」していくこの流れを「**演繹**《えんえき》」と呼びます。身近なところでは、中学校の数学で習う三角形の合同を証明する方法がそれにあたります。

形式論理は論理学の1つの分野であり、論理の形式や構造、論理的な記号や公理に焦点を当てます。形式論理は主に、数学やコンピューター・サイエンスなどの分野で使われています。

一方、「非形式論理」は形式論理以外の論理です。

形式論理と同じく、形式を使って考えるときに使われる言葉のルールを考えます。ただし、正しいかそうでないかを100%決められる「形式論理」に対し、「非形式論理」は一部あいまいさを許容しながら実用的に使われます。**厳密に100%の真偽を判定することはできないけれど、ある程度の精度で物事を決められるものが「非形式論理」です。**

例を挙げてみます。

例えば、科学の実験で「液体は熱すると沸騰して蒸発する」という性質は、水やアルコールなど複数の液体を使って検証されます。さまざまな物質で同じような現象が観察されれば、「すべての液体は熱すると沸騰して蒸発する」といえそうです。ただし、地球上のすべての物質について検証したわけではないので、もしかしたらいつかこの論理に例外が出るかもしれません。

このように、「100%保証はできていないけれど、たぶん正しそうだから、反例が出るまでは認めましょう」というのが非形式論理です。

みなさんがエビデンスとして信頼しているであろう研究論文の実験データにも非形式論理が使われています。実験データは、実験の条件などを詳しく記述し、その範囲内での事実なり解釈なりをまとめています。しかし、将来的に違うデータが出てきたときには、それまでの解釈は誤っている可能性があります。数学の証明のように、100%合っている保証はないのです。

また、「長年の経験から、こうだと思う」といった経験則もまた、非形式論理といえます。経験則を使って意思決定することは、誰しもよくありますよね。

もっと詳しく

数学でも真偽が決まらないことがある?

少し横道にそれますが、厳密にいえば数学の世界でもすべて真偽を決められるわけではありません。「ついさっき言ったことと違うじゃないか!」と怒らないでください。

実は、完璧と思われた整数論（整数に関する分野）の中に、真と偽が判断できない事例が20世紀に入ってから見つかったのです。これは「不完全性定理」と呼ばれ、数学界に大激震が走りました。

しかし、これはかなり稀なケースです。それ以外では特に問題はないため、ほぼすべての数学者は、数学では普通に真偽が決まるものとして「不完全性定理」など気にせずに生きていると思います。

形式論理と非形式論理に分けてみよう

ここで、冒頭に出てきた11題の文章を「形式論理」と「非形式論理」に分けてみることにしましょう。

次の推論は、「AならばBである」という形式をとっており、真偽を確かめられる形式論理です。

［形式論理の例］

・大人ならわかるが、彼は子どもだからわからない
・日本人は親切だ。彼は親切だから日本人だ
・選ぶなら得意な仕事か、好きな仕事か
・またフェイクニュースだ。ネットの情報は間違っている

一方、これら以外の文章はもう少し広い範囲を扱う非形式論理です。

［非形式論理の例］

・幸せとは経済的豊かさのことである
・彼も彼女も青い服を着ている。今年は青が流行っている
・売り上げアップには単価と数量が論点だ

・降水確率は50%だ。だから今日は傘はいらない
・バスケットボールをすると身長が伸びる
・カレーを食べたら、テストの点数がよくなった
・日本経済停滞の原因は教育にある

コンサルタントは「ファクト」にうるさい

コンサルタントと会話すると、「ファクト」という言葉をやたら口にするなと思うかもしれません。

少し粗い分類にはなりますが、「ファクト(事実)」は形式論理で、客観的に見て真実であるものを指します。一方で、「アイデア(意見)」などのそれ以外の主張は非形式論理です。正しいかどうかが完全に決まらないものとして、「ファクト」とは明確に区別します。

例えば、ウェブサイトの分析をするとき、ユーザー数やサイトの表示数などは実態に対する数字が正しいか正しくないか完全に決められるものであり、「ファクト」です。

しかし、「数名が気に入っているから、このサービスはヒットする」といった少ないデータからの推測には不確実さやあいまいさが含まれるので「アイデア」です。また、「露出を増やせばサイトへの訪問数は増える」といった将来の施策も、実際にはやってみないとわからない世界なので、あくまで推測であり「アイデア」といえます。

図3　コンサルタントはファクトにうるさい

コンサルタントが現状のデータを分析するときは、「形式論理」と「非形式論理」を使い分け、どこまでが「ファクト」で、どこからが「アイデア」なのかを非常に気にしながら提案をまとめていきます。

その結果、「ファクトはなに？」とオウムのように繰り返し問いかけているわけです。

もっと詳しく

「人間はサルである」は正しいか？

法則やルールを考えたり理解したりするとき、私たちは言語を使います。

言葉の世界のルールは「文法」と呼ばれます。例えば、主語があって述語があるとか、行動が過去か現在か未来かによって表現を変化させるといったことです。

一方、言語の世界にはもう一つの側面があります。それは言葉の「意味」について考える世界です。

論理学では、前者のような「文法」の世界を「**構文論**（Syntax）」といい、後者のような「意味」の世界を「**意味論**（Semantics）」と表現します。

これが何を意味するのか、かみ砕いて解説します。

構文論では、推論するプロセスが正しいかどうかを気にします。意味論では、構文がある前提で、そこに何か情報が入ったものが正しいかどうかを気にします。

例えば、次の文章は正しいでしょうか。

「人間は生き物である」

構文的にも意味的にも正しい文章ですね。

では、次はどうでしょうか。

「人間はサルである」

構文としては別に問題はないけれど、意味としては何か変ですよね。構文論と意味論にはこのような違いがあります。「AならばBである」という文章で説明するなら、この文章の形式だけを考えるのが構文論で、AやBを何かに置き換えて考えるのが意味論です。

構文で考えるときには、AやBなどの記号を使い、「その記号の中身が何であったとしても成り立つ、もしくは成り立たない規則は何か?」と考えます。また、「〈AならばBである〉が成立するときに〈BならばAである〉は成り立つか?」と考えを発展させていきます。

図4　推論パターンからわかることがある

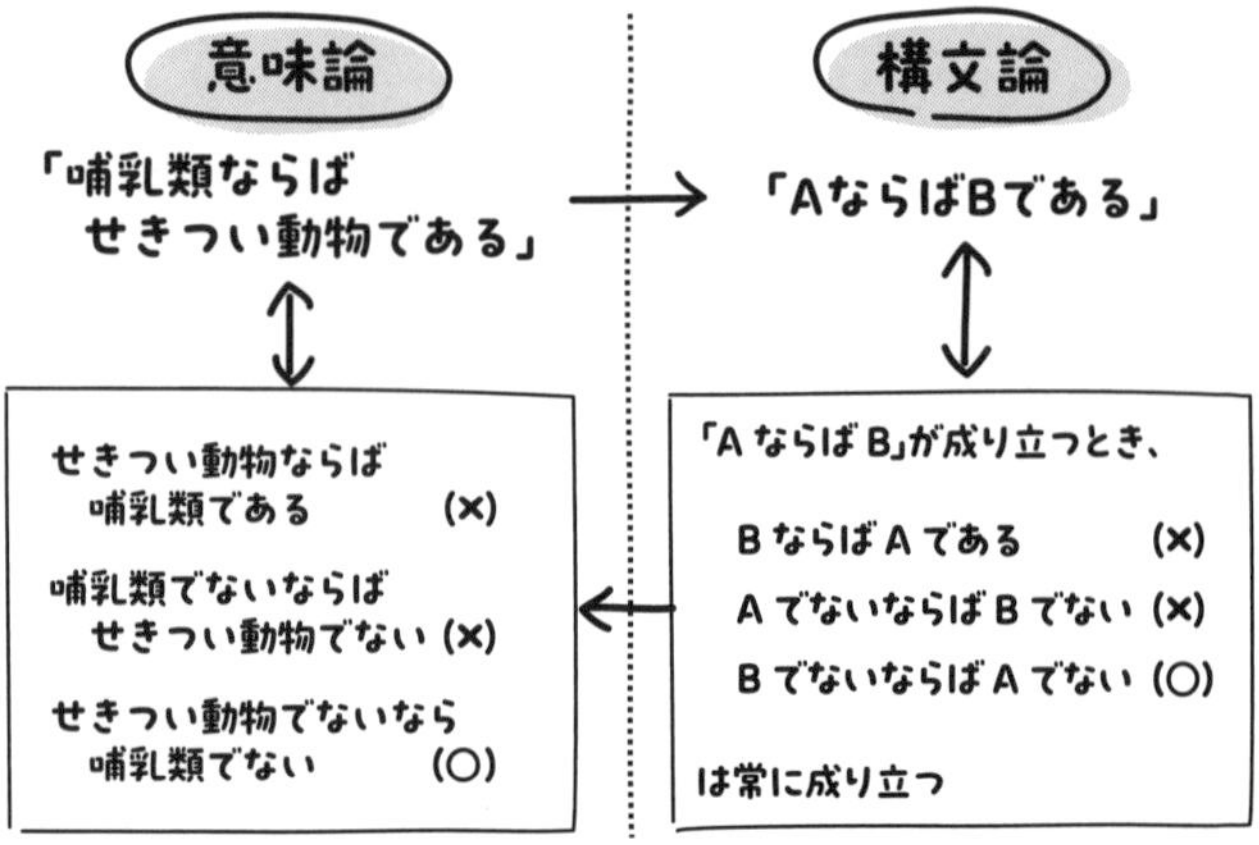

推論の正しさと結論の正しさは別物

注意すべきことが一つあります。それは、推論の正しさと結論の正しさは別物だということです。推論のプロセスが正しかったとしても、前提（推論に使う情報）が間違っていたら、結論が正しくなる保証はありません。

反対に、推論のプロセスが誤っていたとしても、結論が合っていることもありえます。しかしその場合、論理的には間違っているのにたまたま結果が合っていたというだけなので、次にまた同じ方法で正しい結論を導けるとは限りません。

実態に合った正しい情報を用いて正しい推論のプロセスで考えることができて初めて、正しい結論を導くことができ、論理的思考を武器にすることができるのです。

第1章の処方箋

病名　**マークシート病**

症状

すべての問いには必ず答えがあり、その答えは1つだけだと考えてしまう症状があります。

お薬（対策）

- そもそも答えを導き出せる問いなのか（形式論理）、そうでないのか（非形式論理）を判別しましょう。
- 答えを導き出せる問いだとしたら、その答えが1つだけだと決めつけていないか（他の答えがないか）を考えましょう。
- 答えを導き出せない問いの答えを探すのはやめましょう。

第2章

シンプルな論理

本章であつかう病

- □「大人ならわかるが、彼は子どもだからわからない」(前提からバグ病)
- □「日本人は親切だ。彼は親切だから日本人だ」(それだけじゃない病)
- □「選ぶなら得意な仕事か、好きな仕事か」(二択病)
- □「彼も彼女も青い服を着ている。今年は青が流行っている」(一般化しすぎ病)

答えが決まるものばかりではない

前章では100％答えが決まる「形式論理」と、あいまいさを認める「非形式論理」の2種類があると学びました。

本章で扱う次の文章を見てみましょう。

②大人ならわかるが、彼は子どもだからわからない
③日本人は親切だ。彼は親切だから日本人だ
④選ぶなら得意な仕事か、好きな仕事か
⑤彼も彼女も青い服を着ている。今年は青が流行っている

②と③は「AならばBである」のかたちをしています。

④は「AであるかBである」のかたちをしています。

⑤は「Aがなりたつ。Bがなりたつ。だからCである」のかたちです。

A、B、Cにはさまざまな言葉が入りますが、このように文の形式についても一般化して考えるのが論理学です。

②③④は「AならばBである」、または「AであるかBである」という文章がどのような場合に成り立ち、どのような場合には成り立たないかが100%決まる形式論理です。

一方で⑤は、今まで見た人は青い服だけれど、これから青以外の服の人がたくさん現れたら主張が成り立たない可能性があるので、非形式論理です。

演繹と帰納

第1章にも出てきたように、「形式論理」の代表格が「演繹」でした。「非形式論理」

の代表格は「帰納《きのう》」です。この「帰納」は高校数学で習う「数学的帰納法」とは別物なので混同しないようにしてください（詳しくは89ページへ）。

厳密な定義ではありませんが、簡単にいえば「演繹」とはルールを組み合わせたり解釈したりして論理を考えることで、「帰納」とは経験則のようにいくつかの事例からルールをつくる推論形式です。

図にすると下のようになります。

・「そもそも○○だから……」という原理で考えるのが「演繹」

・「あれもこれもこうだから……」と経

図5　帰納のツリーと演繹のツリー

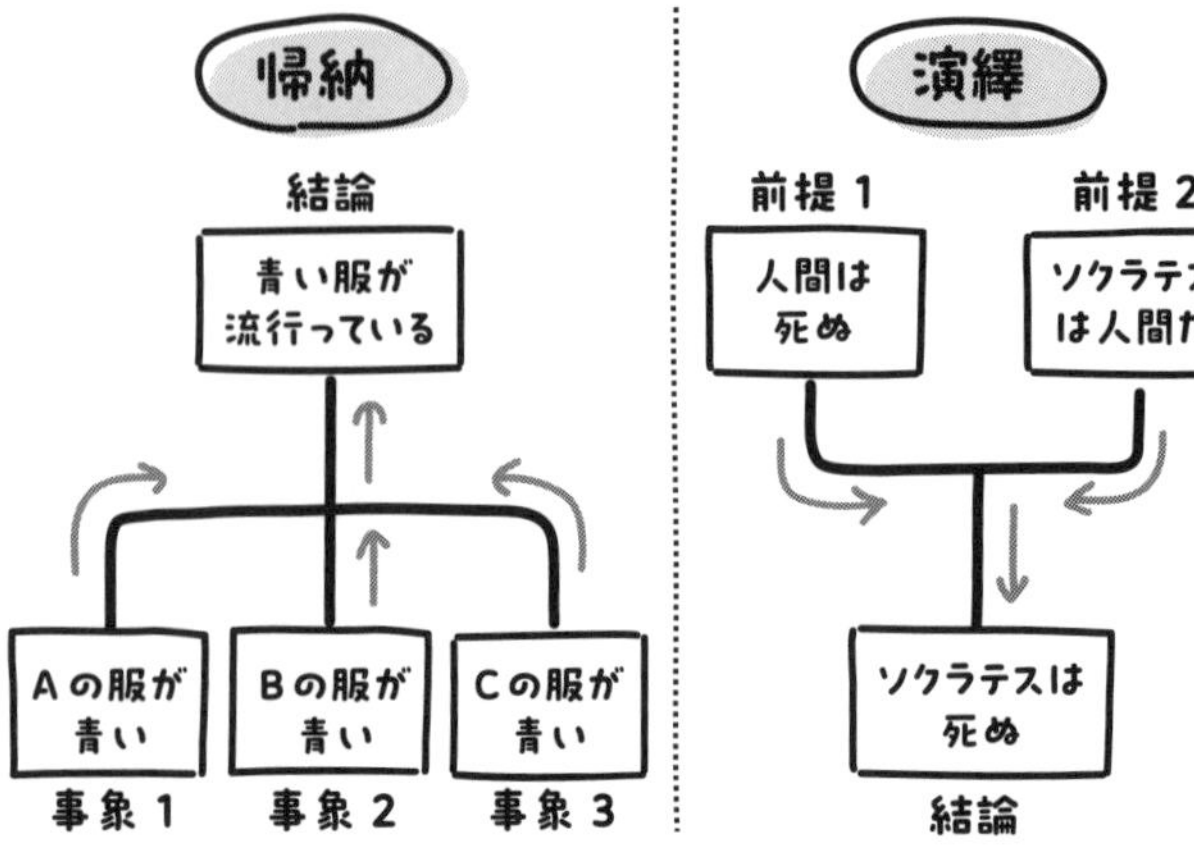

験則で考えるのが「帰納」

もっとたくさん例を挙げてみます。

[演繹を使った推論]

・哺乳類は恒温動物。恒温動物はすべてせきつい動物。よって哺乳類はせきつい動物

・正三角形は常に二等辺三角形である

・気圧が下がると雨が降る。今、気圧が下がってきたから雨が降る

[帰納を使った推論]

・両隣のお店が閉店になった。このあた

図6　演繹と帰納の比較

	内容	評価法	メリット	デメリット
演繹	決まった用語とルールから導く	妥当な推論（妥当性）	（前提が正しければ）結論は100%正しい	新情報が出ない
帰納	多数の事象から導く	サンプルの数（蓋然性）	一般法則を発見できる	結論が100%正しいとは限らない

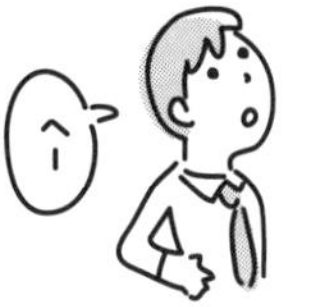

注）演繹と帰納の2つで答えの導き方を網羅しているわけでもないし、演繹と帰納が対になっているわけでもない！

りは景気が悪い
・アメリカ人は日本人より背が高い
・過去20年間、金利が下がると株価が上がっている。金利下降と株価上昇は関係がある

「演繹」も「帰納」も、日常ではあまり使わない用語ではないでしょうか。

まとめると、前ページの表のようになります。


演繹の例としては、すでに述べた通り三段論法が有名です。

「すべての人間は死ぬ」「ソクラテスは人間である」、したがって「ソクラテスは死ぬ」というものです。

ほかにもいくつか例を挙げてみましょう。

・二つのものがあるとき、この間には重力（引力）が働く。だからリンゴは地球に引っ

張られて木から落ちる。（一般法則をある特定の事例に適用した）

・人は哺乳類である。哺乳類はせきつい動物である。よって人はせきつい動物である。（「推移律」といいます）

・ビー玉が一つあります。それは左右の手のどちらかに隠れています。右手を開いたら、そこにビー玉はありませんでした。このときビー玉は左手にあります。（「排中律」といいます）

当たり前に見えますが、どれも普遍的な原理があり、結論を出すプロセスでそれを正しく使っています。

演繹は、怪しいものを排除した美しい世界

言い換えれば、演繹の世界は例外なく真偽がどちらか1つに決まるものだけを集めて整理した世界です。

理論的には、非常にシンプルで美しい。しかし、その美しい世界を築き上げるために怪しいものをすべて排除しています。そのため、現実世界でそのまま使える場面はそれほど多くはありません。

高校で命題論理を学ばず、「AならばBである」ときに「BだからAである」が成り立たないことを知らなくても、実生活ではそれほど大きな影響はないでしょう(たぶん)。

本当に問題なのは、**演繹とそのほかの論理を混同して、演繹でない推論もあたかも演繹であるかのように、答えや真偽がきれいに決まると思い込んでいること**です。思考がバグっているのにそうとも知らず、その思考をフル活用してしまうことで、無駄なことに時間や労力を割いてしまうのが問題なのです。

無理なものは無理だと割り切ったほうが、精神衛生上もよいと思います。

もっと詳しく

「AならばBである」

すでに出てきた「AならばBである」という文章について、もう少し考えてみましょう。
「AならばBである」という文章では、「AならばBである」という文章自体が正しいか正しくないか、真偽が決まります。加えて、少しややこしいのですが、仮定の「A」と結論の「B」にもそれぞれ真偽があります。

AやBのそれぞれに「成り立つとき（真）」と「成り立たないとき（偽）」があると言い換えてもよいかもしれません。

「人間ならば死ぬ」の例では、Aは「人間であること」、Bは「死ぬ」です。人間であるソクラテスを当てはめると、B（死ぬ）は真になります。

でも、もしソクラテスの代わりに犬を当てはめたら、どうなるでしょうか。

「AならばBである」のAが成り立たない場合（Aが偽のとき）、「Bは考えない」が正解です。なぜなら、Aという条件が成り立たないときのことは何も言っていないからです。当たり前に思えますよね。

そして、Aが成り立たないとき（ソクラテスの代わりに犬を当てはめたとき）には、「AならばBである」という命題は偽とはいえないので真になります。

このAやB、そして命題の真偽を一覧にしたものを「真偽表」といいます。

まとめると、「AならばBである」という論理を使うときには次の注意点があります。

図7　真偽表

A	B	AならばB
1	0	0
1	1	1
0	0	1
0	1	1

※真=1、偽=0で表す

①命題「AならばBである」の仮定Aの真偽を確認する
②「AならばBである」のとき、この命題の「逆」（「BならばAである」）は一般的に成り立たない
③「AならばBである」のとき、逆が成り立つのは「AのときのみBである」（＝「AでないときBでない」）の場合で、この場合はAとBは論理的に「同値」である
④「AならばBである」を証明したい場合は反例を探す。つまりAであるがBが成り立たない例、またはBでないがAである例を探す
⑤成り立つ例をたくさん持ってきても、証明にはならない（確証バイアスを強めるだけ）

「大人ならわかるが、彼は子どもだからわからない」（前提からバグ病）

「大人ならわかるが、彼は子どもだからわからない」

この文章を考えてみましょう。

この主張は正しくありません。なぜなら、「大人であれば」という前提で述べているので子どもについては何も言っていないからです。

言われてみると当たり前に思えますが、これも非常によくあるバグで、本書では「前提からバグ病」と呼びます。前提からバグ病のほかの例を挙げておきます。

「この台車には30キログラムまでは荷物を載せることができるので、荷物が30キログラム以上だと壊れる」

35キログラムの荷物を載せると必ず壊れるのかといえば、そうともいえません。30キログラム以上については保証していないだけで、壊れるとまでは言っていません。

「日本人の赤ちゃんはおしりが青い。彼は日本人の赤ちゃんではないから、お尻は青くない」

これはどうでしょう。韓国人の赤ちゃんも、日本人の赤ちゃんと同じくお尻が青い子がいます（同じモンゴロイドの系統です）。

「富山の人はよい人だ。彼女は富山の人でないからよい人はでない」

もちろん、そんなことはないですよね！　富山以外にも、よい人はたくさんいます。

これらの例からもわかるように、**前半が成り立たない例が出てきたときに、後半も成り立たないことを決めてしまうことが誤り**です。

この「前提からバグ病」ですが、論理学では「前件否定《ぜんけんひてい》の誤謬《ごびゅう》」という名前がついています。

もっと詳しく

記号で表現してみよう（1）

少しだけ論理学の記号を使ってみましょう。

少し専門用語を使うと、「AならばBである」が真だとしても「AでないならばBでない」は真とは限りません。専門用語を使うと次のようになります。

命題「AならばBである」が真でも、その裏「AでないならばBでない」は必ずしも真ではない。

記号を使って解説すると、こうなります。

「大人であれば、これはわかる」「AならばBである」

A＝大人である

B＝これはわかる

子どもは大人ではない。したがってAが真にならない。ゆえにBは何も主張できない。
そして命題としては矛盾がないので真である。

つまり、子どもである場合についてはここでは述べられていないから、結論としてはどちらともいえないのです。

「日本人は親切だ。彼は親切だから日本人だ」（それだけじゃない病）

「日本人は親切だ。彼は親切だから日本人だ」

この文章についても考えてみましょう。この主張も論理的には誤りです。なぜなら、親切なのは日本人だけとは限らず、ほかの国の人にも親切な人がいる可能性があるからです。本書では「それだけじゃない病」と呼びます。

同じ形式のほかの例をいくつか見てみましょう。

「病気にかかると味覚がなくなる。味覚がないから病気にかかった」

味覚がない理由は病気にかかったからだとは断定できません。もしかしたら、料理に調味料を入れ忘れただけかもしれません。

「雨が降ると道路が濡れる。今は道路が濡れている。だから雨が降っている」

道路が濡れているのは雨が降ったからだと推測するのは早計です。単に水をまいたとか、水道管が破裂したなどの可能性を否定できないからです。

「魚は水の中に棲んでいる。クジラは水の中に棲んでいるから魚である」

水の中に住む生き物は魚だけでなく、哺乳類のクジラや微生物、植物などもいます。

このように、**もとの主張の真偽を考えるときには、それに当てはまらない例を探してみることが有効**です。当てはまらない例のことを「反例」といいます。

この「それだけじゃない病」は、一般的には「後件肯定《こうけんこうてい》の誤謬《ごびゅう》」という立派な名前がついています。「後件」とは文の後半のことで、「後半の部分があっているからといって前半の条件を満たしているとは限りませんよ！」ということです。

もっと詳しく

記号で表現してみよう（2）

ここでも記号を使ってみましょう。

「AならばBである」が真だとしても「BならばAである」は真とは限りません。これを専門用語を使っていうと次のようになります。

命題「AならばBである」が真でも、その逆「BならばAである」は必ずしも真ではない。

記号を使って解説すると、こうなります。

「日本人は親切だ。彼は親切だから日本人だ」「AならばBである」

A＝日本人である

B＝親切である

「日本人は親切だ。彼は親切だから日本人だ」＝「AならばBである」よって「BならばAである」

しかし、クジラの実例で示したように、AでなくともBになる例があります。したがって、この思考プロセスには誤りがあることがわかりました。

どうでしょうか。だんだん慣れてきましたね。

現実社会では「それだけじゃない病」は病ではない

残念な話をしなくてはなりません。

「それだけじゃない病」は論理的に誤った推論ですが、現実社会では正しいものとして解釈されることがあります。

論理学的には100％真偽が決まる「形式論理」の世界で誤りだとされているこの

ルールは、一般社会ではまだ市民権を得られていないのです。

論理的に正しい解釈をする人は多くないため、法律などの判断では「それだけじゃない病」を誤りと見なさないことがあります。多くの人は論理学の勉強をしておらず、論理学のルールを正しく使っていないので、正しいのに正しいと認められない。残念なことですね。

たしかに、「病気にかかると味覚がなくなる。味覚がないから病気にかかった」と主張している人に「味付けした？」と聞くと、変な目で見られるかもしれません。「性格が悪い人」と思われる可能性すらあります。

そういう意味では、論理学をマスターしたあとも、利用シーンや発言には十分に注意したほうがいいでしょう（私の経験からのおせっかいです）。

科学の世界では「仮説検証法」に使われている

論理学のルールを理解していると、それをほかの分野でも上手に利用できます。「それだけじゃない病」は科学の世界で、「仮説検証法」と呼ばれる方法に使われています。

「仮説検証法」とは、ある仮説を検証するときに、その仮説から導かれる帰結を考え、その帰結が実際に観察されるかどうかを調べる方法です。

しかし、これまで見てきたように、これは論理的に断定するには不十分です。つまり、仮説検証法であっても、ある帰結が観察されたからといって、その帰結をもたらす前件が真である（＝仮説が正しい）と結論づけることはできません。ただし、もし仮説から導かれた帰結が観察できない場合は、証明しようとした仮説が誤っていることだけは確実にいえます。

そういう意味で、「仮説検証法」は少なくともこの実験では間違っていなかった、という結論を得られるわけです。

一つ例を挙げましょう。

アインシュタインの相対性理論は、光が重力で曲がることを計算で導きました。ちなみに、これには演繹が使われました。当時はそんなことがあるとは信じられておらず、人々は懐疑的でした。しかし、アインシュタインのそれまでの数々の業績から、彼の理論を実験で確かめてみることになりました。

太陽近傍の星の位置を観測することは難しく、1991年の皆既日食のときにそのチャンスが訪れました。結局、観測した7つの星のうち6つが彼の予測に近く、光が重力で曲がることが実証されました。

ただし、このデータが得られたからといって彼の理論が絶対に合っているとはいえません。合っている実例が見つかったとしか主張できないのです。

しかし、これはこれで意義があります。もし彼の予測が間違っていたら、光が重力で曲がるデータは得られず、少なくとも彼の理論が誤っていたことになるからです。ややこしい言い方にはなりますが、「光が重力で曲がる」という彼の仮説が成り立たないとはいえないことがわかった、という意味で新しい一歩を踏み出すことになったのです。

もっと詳しく

「AならばBである」の逆は成り立つか？

「病気にかかると味覚がなくなる。味覚がないから病気にかかった」という文章について、もう少し考えてみましょう。まずは記号で置き換えてみます。

「病気にかかる」（Aとする）

「味覚がない」（Bとする）

そうすると、はじめの文章は次のように記号で表現できます。

「AならばBである」（病気にかかると味覚がなくなる）
「Bが成り立つ」（味覚がない）
「このときAが成り立つ」（たぶん病気にかかったのだろう）

このとき、「味覚がないのは病気になったからだ」というのは、「BならばAである」と置き換えられます。つまり、この推論において「AならばBである」のとき、「BならばAである」が成り立つと主張しています。
「AならばBである」という命題に対して「BならばAである」を（命題の）「逆」といいます。もとの命題が真でも、その「逆」が常に真になるとは限りません。だから推論としては誤りです。

さて、この一連の内容について解説すると、「AならばBである」ときにBが成り立つなら、絶対にAは成り立つはずだ！　と考えるかもしれません。

しかし、A以外のケースでもBが成り立つ可能性があります。例えば、「CならばBである」も同時に成り立つときは、BだからといってAであるとは限りません。

今回の例でいえば、

C＝「（料理に）調味料を入れ忘れる」

が、それにあたります。文章に置き換えると「調味料を入れるのを忘れると、味覚がなくなる」となります。

論理学的な解説をすると、「AならばBである」ときに「BならばAである」が成り立つのは、A以外のときにBが成り立たない場合です。つまり、「AでないならばBでない」ときです。

少しややこしいので、整理しましょう。2つの条件を並べてみます。

「AならばBである」
「AでないならばBでない」

これは、「AのときだけがBになる」と言っていますね。
まとめると、こういうことです。

「AならばBである」ときに
「Aが成り立つときのみBになる」ならば、
「BならばAである」が成り立つ

このように「AならばBである」かつ「BならばAである」の2つが同時に成り立つときに、論理学では「AとBは同値である」という言い方をします。

「選ぶなら得意な仕事か、好きな仕事か」（二択病）

「選ぶなら得意な仕事か、好きな仕事か」

これも非常によくあるパターンのバグです。「二択病」と名付けました。

仕事を選ぶときに、その仕事が得意かどうかと好きかどうかはどちらも大切です。**候補が2つあるときに必ず1つに絞らないといけない、またはどちらか1つだけがよいものだという考えは誤り**です。

今回もいくつか例を見ていきましょう。

「遺伝と環境、どちらが結果に影響を与えるか？」

どちらも大事で、場合によっては相互にかかわりあっていることも多いのではないでしょうか。

「財政緊縮か、景気対策か？（お金を貯めるか使うか）」

ときと場合によるでしょうから、究極的にどちらがよいか述べるのは非現実的です。

「事業開発するならプロダクトアウトとマーケットインのどちらがよいか？」

どちらも重要な要素ですし、会社によって強みと弱みがあるので、一般法則として語る話ではないでしょう。

「民主主義と社会主義はどちらがよいか？」

どちらも長所と短所があります。相互に反対陣営を見ながら、よいところを取り込んでミックスするというのが現実解です。

「マークシート病」にも通じますが、私たちは答えが1つであるという、よく考えれば不自然な前提を持っているようです。

誰かが「得意な仕事をすべきだ」と言えば、他の誰かが「それよりも好きな仕事に就くべきだ」と言い、論争になる。ネット上のコメント欄やSNSなどでよく見る光景です。しかし、そもそも「得意」と「好き」は別の話なので、場合分けするなら本来は4通りあるはずです。「得意だし好き」「得意だけど好きではない」「不得意だけど好き」「不得意だし好きではない」に分けるべきなのです。

よく見てみると、「二択病」には二種類あります。

(1) 2つの異なる対象を無理に1つに絞ろうとする

- 選ぶなら得意な仕事か、好きな仕事か
- 遺伝と環境、どちらが結果に影響を与えるか?
- 事業開発するならプロダクトアウトとマーケットインのどちらがよいか?

(2) 1つの軸の両極端を選ぼうとする

・財政緊縮か、景気対策か？（お金を貯めるか使うか）
・民主主義と社会主義はどちらがよいか？

(1)の症状では、「好き」かつ「得意」なことを選ぶことができます。また現実的には「好き」の程度と「得意」の程度の両方を考慮し、トータルで決めることが得策です。

(2)の症状では、政治思想や宗教思想のように「いつだってこちらのほうがよいはずだ」と信じていると現実離れすることがあります。両極端を選ぶ必要はありませんし、あえて1つを選ぶのであれば状況を考えながらそのときどきの条件によって決めるべきでしょう。

もっと詳しく

論理和と論理積

さて、記号を使ってみましょう。

論理の用語を使うと「AまたはB」(論理和)、「AかつB」(論理積)という2つの命題の形式を聞いたことがあるかもしれません。「AかつB」というときには、AでありBであることを意味します。一方、「AまたはB」というときには、次の3種類が認められます。

(1) Aのみ
(2) Bのみ
(3) AかつB

ところが、ときどき(3)が抜けることがあります。これが「二択病」の原因の一つです。「AまたはB」というときに、「(3)AかつB」を含まない場合、これを「排他的論理和（XOR=eXclusive OR）」と呼びます。

例えば、レストランで「飲みものはコーヒーまたは紅茶が選べます」と言われたとき、「コーヒーと紅茶をください！」と言ったら変な顔をされるでしょう。このときは、「（3）AかつB」を含まない排他的論理和です。この用語を使うと「二択病」は、「論理和と排他的論理和の混同」という言葉で表現されます。

「帰納」とは

演繹と帰納の2つがあることは、すでに説明しました。

これまで長いこと演繹の説明をしてきましたが、安心してください。「帰納」の説明は短いです。しかも、私たちが日常的に使っているので、理解もしやすいはずです。ただし、ここにもいくつかバグが含まれるので、解説していきます。

最初に例から見てみましょう。

（例1）「街を歩いているAさんは青い服を着ている。近くにいるBさんも、Cさんも青い服を着ている。たぶん青い服が流行している」

（例2）「最近成績が上がったAさんはX塾に通っている。BさんもX塾で成績伸ばした。そういえばCさんもX塾に通っていて最近好調だ。X塾はよさそうだ」

（例3）［身体検査の結果］

・Aさん：身長180cm、体重90kg
・Bさん：身長153cm、体重45kg
・Cさん：身長166cm、体重68kg
・Dさん：身長172cm、体重63kg
・Eさん：身長177cm、体重65kg

「このデータから、身長が高い人は体重も重いという結論が得られます」

このようにサンプルをたくさん持ってきて、それらのサンプルから全体の傾向を把握しようとする分野が統計学です。**帰納（Induction）とは、いくつかの個別の事例から一般的な法則を見出す推論の方法**です。実験や調査の結果から結論を導くことや、日常生活で経験則と呼ばれるものは帰納の一種です。

また、例3の「身長」と「体重」のように一方が大きくなると他方も大きくなるような関係を「相関関係」、または「相関がある」といいます。「相関」という言葉はこの後も出てくる重要な用語なので、覚えておいてくださいね。

例1では、Aさん、Bさん、Cさんという3名のサンプルから一般法則である「青い服が流行している」という結論を導いていました。3名だとサンプルとしては足りないかもしれませんが、この結論を調べるためにより多くのサンプルを集めれば、結論が正しいかどうかがわかってきます。このような方法が帰納です。

もっと詳しく

数学的帰納法は「帰納」ではない

数学の証明などで使う「数学的帰納法」は、名前と違って帰納ではなく演繹です。数学の世界では「できあがった理論」の証明はすべて例外なく演繹を使っており、帰納はまったく登場しません。

「数学的帰納法」とは簡単にいえば、「自然数nに対する命題が、すべての自然数について成り立つこと」を証明するときに使う方法です。具体的には、まず「n＝1」のときに命題が成り立つことを証明し、それから「n＝k」のときに命題が成り立つとすれば「n＝k＋1」のときにも命題が成り立つことを証明します。そうすることで、すべての自然数に対して命題が成り立つことを証明できるというものでした。

先に述べたように数学における証明はすべて演繹法ですが、数学的帰納法は、いくつかの自然数の例から命題の正しさが次々と証明されていき、一般的な結論を導いていくプロセスが「帰納的」に見えるため、そのような呼び方がされています。

数学歴史上の古い時代には「ユークリッド幾何学」というものがありますが、そこでは決められた定義と公理からすべて演繹のみを使って、結論を導いたり証明したりします。これは中学の数学で習った三角形の証明のような世界で、例外のない厳密な論証の世界です。

しかし、この数学でも法則を見つけるまでのプロセスでは帰納法を使います。いくつかの数式の計算から一般規則を見出すプロセスでは帰納を使いますが、できあがった理論はすべて演繹的に証明されるものとなっています。

自然科学でも物理や化学などの実験でデータを取って、そこから法則を見つけるときは帰納法を使います。しかし、理論物理などでは数学と同じく、できあがった理論自体は演繹によって証明しなければなりません。

「帰納」の使い方と限界

帰納的な推論をするときに前提として必要なのは、複数の事象なり事実です。それらが持っている共通する要素なり法則を導きます。

実験がそうであるように、対象となる事象の数が少ないと、そこに存在する法則（ルール）を誤って結論づけることが多々あります。

アンケート結果の資料などでよく見る「N＝３００」は、「３００個のサンプルから推測した」という意味です。

サンプルが１、２個しかないときに、それらをもとに一般法則を見つけようとしても無理があります。例えば、サイコロを１回振って「２」が出たからといって、「サイコロを振ったときに２が出る確率は１００％」という結論にはなりませんよね。もっとたくさん振れば確率が６分の１になることを私たちは経験的に知っています。

しかし、このサイコロの例のような推論が世の中にはとても多いのです。

小学校に行く子ども2人を朝見かけて、2人とも赤い服を着ていた。そこから「今年は赤い服が流行っている」という結論を導いたとして、合っているかはわかりません。しかし、帰納的推論としては正しいのです。

このように、帰納的に推論を進めるときには結論が必ずしも正しいとは限らないことを理解する必要があります。

実際は次のようなケースがあります。

（あるアパレルメーカーで）
「今年の基本戦略は〈赤〉を推していこうと思います。なぜなら、現在赤が流行っている傾向があり、サンプル調査もそれを裏づけています」

ちなみに、この理由づけはもう少し正確な言い方をすべきです。
「現在赤が流行っている傾向がある」は何を根拠に結論づけたのかを言っていません。

仮に別の理由があるなら次の言い方になります。

「今年の基本戦略は〈赤〉を推していこうと思います。なぜならば、〈○○によると〉現在赤が流行っている傾向があり、サンプル調査もそれを裏づけています」

もし、「現在、赤が流行っている傾向がある」の根拠がサンプル調査の結果であるなら、次の言い方が適切です。

「今年の基本戦略は〈赤〉を推していこうと思います。なぜなら、サンプル調査によると現在赤が流行っている傾向があるからです」

帰納的推論では「何を根拠に」その結論を出したのかがはっきりしないと、推論が正しいかどうかを聞き手が判定できません。具体的にサンプルや実験結果などの根拠を伝えることで、聞き手が推論の道筋を検証できます。

この例もそうですが、**帰納的な推論でよく見られるエラーは、少ない事例や情報から一般化する範囲を拡大しすぎること**です。本当は多くの例で成り立たないのに、私たちはたった少数の事例からすべてがそうであるかのように判断してしまうことが頻繁にあります。

さらに、人は自分の気に入った（つまり生命を脅かすものを避ける本能に従った）結論を出したいと内心では思っています。そのため、ほんのわずかなサンプルを根拠に自分の望む結論を確信してしまうのです。

ある感染症について生物学的な本能で危機感を持っているときに「感染者増加！」というニュースが流れれば、それはやはり「危ない」と判断してしまうでしょう。

帰納的に推測するなら、サンプル数を増やして「テスト数」に対する「陽性数」や「重篤率」、「死亡率」などをほかの感染症のデータと比べなければ、客観的な判断はできません。しかし、なぜか一瞬で結論を受け入れてしまうことはないでしょうか。

「彼も彼女も青い服を着ている。今年は青が流行っている」(一般化しすぎ病)

「彼も彼女も青い服を着ている。今年は青が流行っている」

このように少ないサンプルから一般法則を導いてしまうバグのことを「一般化しすぎ病」と命名しました。一般的には「早まった一般化」と呼ばれます。

これを避ける方法は、サンプル数を多くとり、数字で表すことです。そうすれば主観的な判断が入りにくくなります。またそのとき、サンプルをなるべく広くランダムにとることも大切です。とかくありがちなのは、自分のアクセスしやすい人からサンプルをとり、抽出する標本が偏ることです。統計学の基本としてサンプルをランダムに抽出とることは原則ですが、日常のシーンでは意外と身の回りから情報を取りがちなので注意が必要です。

また、先ほども述べたように、時に個人で判断する場合は願望やバイアスが入ることが多いので注意しましょう。サンプル数を集めるときに自分が期待する回答だけを拾って、「合ってた！」「これも合ってた！」「やっぱり合ってる！」とほんの数件で結論づけることは避けましょう。

ちなみに私は、「やっぱり」という言葉には非常に注意しています。自分のバイアスが入っているときに高確率で出てくる言葉だからです。記憶が正しければ、私の口からは最近5年くらい「やっぱり」という言葉は出てきていないと思います。それは私自身がこのバグを脳内から消しきれずにいて、頻繁に出てくることを自覚しているからです（私の脳もしっかりバグっています）。

この病の原因となるもう一つが、**考える範囲を広げすぎること、つまり拡大解釈**です。例で説明します。電機メーカーA社が業績不振で、同じく電機メーカーB社、電機メーカーC社も業績不振だとします。このとき、帰納的推論では「電機メーカーは業績不振」といえるかもしれません。仮にすべての電機メーカーが業績不振だとしましょう。言い換えると、3社の例からおこなった帰納的推論が正しいと仮定します。

しかし、「日本のメーカーはすべて業績不振である」と主張するのは範囲を広げすぎています。3社は電機メーカーという共通の特徴があるのに、日本のすべてのメーカーに範囲を広げるのは少し乱暴です。

さて、このような間違いを犯さないためには、決めつけずに疑ってかかることです。ランダムになるべく多くのデータを集め、とくに仮説に反する例が何件見つかるかを確かめましょう。

帰納的推論では、統計的に多くのサンプルを調べて結論の正しさを程度から判断します。1件や2件の反例は気にする必要がなく、そういう点では1つの反例で証明が成り立たなくなる形式論理の演繹とは異なります。帰納を用いた推論は「非形式論理」のあいまいさや程度を許容しながら推測する世界なのです。

インターネット上に情報が氾濫する現代では、「一般化しすぎ病」の患者が増殖しています。SNSなどではは信ぴょう性の低い情報が、「なんとなく正しそう」という理由で拡散されていきます。しかも、X（旧Twitter）のリポスト機能のようなもので拡散されると指数関数的に情報は広がり、Googleの検索エンジンやChatGPTに質問したときに回答として出現する確率が上がります。

心理学では、人は対象を見る回数が多いほどそれに好意を持つことが確認されています。出現回数の多い情報は真偽にかかわらず気になってしまうのです。これには論理学で対処するしかなさそうです。

最後に、日常的によく出くわす「一般化しすぎ病」の例を挙げておきます。

- 外国人は個人主義だ　（「外国人」とは誰？）

・新製品は出だしが好調だからいける　（数日でわかる？）
・IT企業は調子がいい　（メディアに出ているIT企業はいいけど……）
・アメリカは街並みがきれいな国だ　（NYはきれいだけど……）
・男は〇〇、女は〇〇　（個人差大きくない？）
・最近は電機メーカーが不振だから、日本のメーカーはダメだね　（全メーカー？）

帰納と演繹を組み合わせて使う

帰納と演繹はそれぞれ単独で考えるばかりではなく、片方の結論を他方で使う場合もよくあります。

具体的にいえば、個別の事象から帰納的推論で導いた一般法則を個別の事象に当てはめることは、日常でも非常によくある推論のパターンです。

この場合に起こりがちなこととして、帰納的推論で導いた結論を前提として演繹的推論をする場合に、その前提が違うために演繹的な推論の結果が違ったものになることがあります。

例で説明します。

自宅近くの商店A、商店B、商店Cがすべて休みだったため、このあたりの商店はすべて休みだと帰納的に推論しました。3つの商店がパッと目についたので、「このあたりの商店はすべてお休みだから、実際に確認してはいないけれど、同じく近くにある商店Dもお休みだろう」と考えたのです。

もし、自宅近くの店が近くの商店組合か何かの決まりごとですべて休みである

図8　帰納法と演繹法の関係

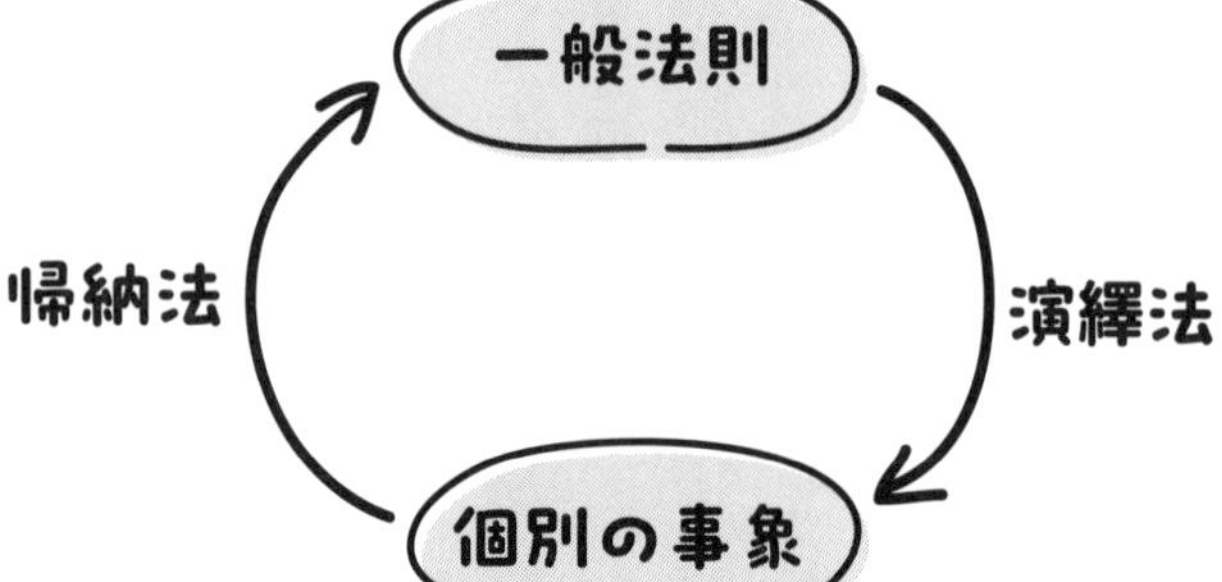

※ 演繹法以外の推論に「アブダクション」や「類推」を入れる考え方もある

ならば、当然商店Dも休みでしょう。

このあたりの商店はすべて休みである。
商店Dはこの地域にある。
したがって商店Dはお休みである。

この三段論法は演繹的推論を使っており、正しい推論です。
しかし、実際に「このあたりの商店がすべて休みである」が正しくないときには、商店Dが休みとは言いきれません。もしかすると、商店Aと商店B、商店Cの休みがたまたま重なっただけかもしれません。

図9　よくある誤った推論の例

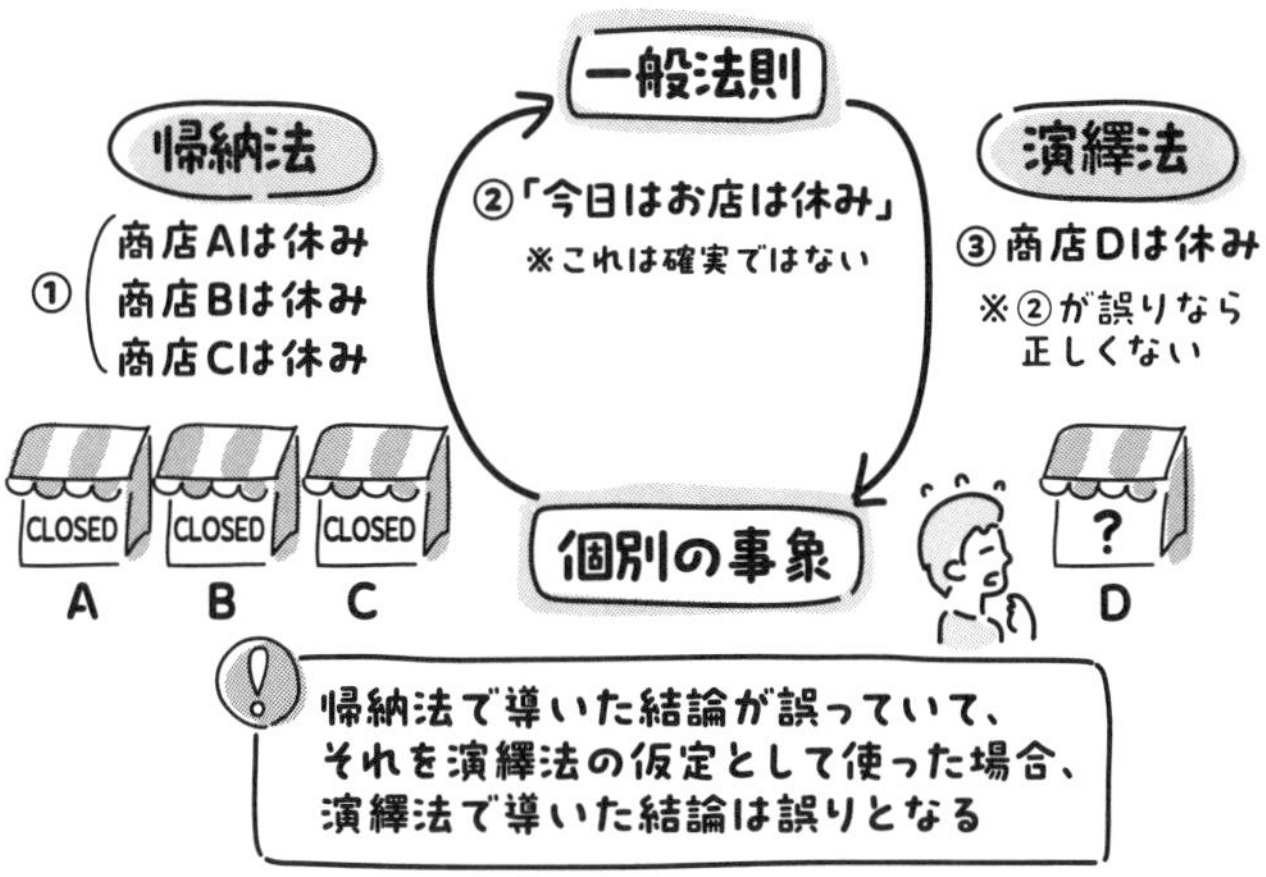

演繹的推論の「AならばBである」という文章が正しいとしても、前提であるAが成り立たないときにはBが成り立つとはいえません。

前提となるAがこの例のように帰納的推論から導いたものであるとき、今回のような推論のバグが生まれます。

これは日常生活で非常によく見られるバグの一つなので、ぜひ頭に入れておいてください。

論理的に考えるときの注意点

実生活で推論するときには、帰納と演繹の両方を使います。

演繹は論理的には強力ですが、まず仮定がないと始まりません。幾何学などの学問であればそれを厳密に定義し、矛盾のないように体系を構築できますが、一般社会ではなかなかそうはいきません。そのため、帰納的な結論を演繹における仮定として使うことが多々あります。例えば、「この運動は健康によさそうだから（帰納的推論）、明日から実行して健康になろう（演繹的推論）」という文は、経験則である帰納を使ってルールを導き、それが真実であると仮定して行動すると健康という結果を得られるということを意味しています。

しかし、帰納的な結論は後から変わる可能性もあります。その場合、演繹においては仮定が偽であるケースでは有効な推論ができないため、論理的には何も結論が出てこないことになります。

本章で扱った、論理的に考えるときの注意点をまとめます。

（1）推論は帰納か演繹か？
（2）それぞれ何を前提として推論しているか？
（3）帰納の場合、前提のデータなりサンプルが十分足りているか？（＝一般化する範囲を広げすぎていないか？）

（4）演繹の場合、仮定の条件を本当に満たすか？（満たしていない場合は何も言えない）

（5）前提条件や仮定が抜けて、結論が独り歩きしていないか？

（6）推論の正しさと結論の正しさはまったく別物

一言でいえば、**「ルールが何を根拠にできているか（帰納）、そのルールを正しく用いているか（演繹）」**が大事なのです。

CASE

この薬を飲んだら、病気が治った！

「甲薬を飲むと、乙病は治る」

このような命題があったとします。

甲薬を飲んだ後に乙病が治った人がいる場合、甲薬に対する期待は大きいでしょう。そして実際に自分が乙病にかかったときに甲薬を飲んで治ったとします。「やっぱり甲薬は乙病に効くよね！」と喜びました。

しかし、これには少し検証が必要です。本当に、甲薬を飲んだおかげで乙病は治ったのでしょうか。

「AならばBである」ときに、「BならばAである」とはいえません。「BならばAである」と主張するなら、「A以外のときにはBにならない」といえなければいけませんが、ここでその検討はされているでしょうか？

つまり、「甲薬を飲まなかったときに乙病が治ったか」を検証しないといけません。実際、甲薬を飲まなかったとしても、寝ていたら治ったのかもしれません。

その検証なしにこの時点で乙病が治ったことを甲薬のおかげとするのは、論理的に考えれば不十分です。でも、この薬の例のような話はよくあります。

実際に「甲薬を飲まなかったときに治ったか」を検証するときは、「偽薬《ぎやく》」を使って臨床試験をおこないます。そのとき、被験者には偽薬であることを伝えず、偽薬にはまったく治療効果がないビタミン剤などが用いられるのですが、面白いことに偽薬を投与した場合でも被験者の状態はよくなることが確認されています。これは「プラセボ効果」と呼ばれており、人間は気分次第で治癒力が増すことがわかっています。このようなことがあるため、試験薬の評価をするときは本物の薬と偽薬の2つのケースの差分で判断します。

では、この2つのケースを論理で書いてみましょう。

「甲薬を飲む」(Aとする)
「乙病は治る」(Bとする)

「Aならば?」と「Aでないならば?」の両方を比較する。
実験した結果、偽薬でも乙病は治ったとします。

「甲薬を飲むと、乙病は治る」:「AならばBである」
「甲薬を飲まなくとも、乙病は治る」:「AでないならばBである」

これはAに関係なくBは成り立つことを意味するので、AとBは関係ないといえます。したがって、ここでの推論の誤りは「AならばBが成り立つ」ときに「BならばA

である」が成り立つと考えてしまっていることです。

病気のとき、このように考えられていますか？　医学部や薬学部の研究者は、この推論の方法で薬の効果を統計的に検証しています。

CASE

4枚カード問題をもう一度考えてみる

第1章に出てきた4枚カード問題をここで再考してみましょう。
4枚カード問題は、次のようなものでした。

問題

4枚のカードがあり、それぞれ片面にはアルファベットが、もう片面には数字が書かれている。
それぞれのカードは「A」「K」「4」「7」の面が見えている状態である。このとき、「片面が母音ならば、その裏面は偶数である」というルールが成立しているかどうかを調べたい。そのために、最低限どのカードをめくると、そのルールが成立していると判明するだろうか。

正解は、「A」と「7」でしたね。しかし、「A」と「4」とする誤答がよく出てきます。

これはなぜでしょうか。

「A」のカードを調べるのは自然なことです。その裏が本当に偶数になっているかが直接わかるからです。もしもこのカードの裏が奇数であれば、与えられたルールは成り立ちません。

もし母音のカードの裏が偶数ならば、「4」のカードの裏は母音のはずだ！

……待ってください。本当にそうでしょうか？

ここが間違えてしまうポイントです。「4」のカードの裏が母音でないとしても（つまり子音だとしても）、このルールを満たさないとはいえないのです。


推論の中身を見ていきましょう。

「片面が母音ならば、その裏面は偶数である」

これは、「片面が母音でないならば、その裏面は奇数である」とは言っていません。もとの命題では「母音でない場合」については何も規定していないので、Bは偶数でも奇数でもよいのです。

したがって「4」のカードを裏返すことにより母音が出ても子音が出ても問題ないわけです。そうなると「K」(母音でない)を裏返すことも実は検証には役に立ちません。母音でないカードの裏についてこのルールでは何も規定していないからです。

では、「7」についてはどうでしょうか。

当然、「7」の裏は「母音」または「母音でない(子音)」のどちらかです。

- (ケース1)「母音」だとすると、その裏が「7」であることはルールに反します。
- (ケース2)「母音でない」とすると、その裏が「7」であっても、なんであってもルールとは関係ないのでルールは成り立っている。

どちらのケースでもルールの検証はできます。この結果と先の「A」をめくった結果を総合し、両方がルールを満たす場合には与えられたルールが成り立ち、そうでないなら成り立たないといえます。

「AならばBである」ときに「AでないならばBでない」は一般にはいえません。論理学の言葉で表現すると、命題「AならばBである」が真であっても、「AでないならばBでない」（命題の「裏」といいます）は成り立ちません。

「大人ならわかるが、彼は子どもだからわからない」と同じバグですね。

どうして4枚カード問題を間違えるのか？

ここまでが、4枚カード問題についての論理学としての解説です。少し論理学を離れて、一般社会と心理学の話をしてみます。

この問題は心理学のテーマとして扱われ、「A」と「4」と答えた人が、論理的な正解(「A」と「7」)と答えた人より多いことが実験的にわかっています。

その理由は、論理学のルールと一般社会での用語のルールに差があるからです。ちなみに、自然科学は基本的に論理学と同じルールを用いています。

一般社会で「AならばBである」といった場合、「AでないならBでない」を暗黙に認める傾向があります。ここが論理学との差分です。

論理学の定義では誤り(自然科学でも誤り)なのですが、日常生活では慣習から論理学とは異なる解釈で使われることが多々あります。

言ってしまえば、一般社会は「論理的には」バグっているのです。

私も高校生のとき、「AならばBである」の命題について「Aが成り立たないときはBはなんでもいい」と教えられたときは、「ヘリクツだ!」と思いました。

しかし、「外に出ると日焼けする」「彼は日焼けしている」「だから彼は外に出た」という話をしたときに、ある人が「いや、あいつは日焼けサロンで焼くのが趣味だから」と言ったら反例になり、もとの命題が成り立たないことになりますね。

論理学は自然科学の推論と対応していて、理系の勉強をしているときは、論理の世界にどっぷり浸かります。実生活とは少し違う「論理学」の解釈に慣れていくのですね。だから理系はヘリクツ屋になる、という話もあります（はい、私は理系です）。

さて、実験に話を戻します。なぜこれが心理学かというと、人間には自分が求める結論を求めたいという「確証バイアス」が存在するからです。

「A」をめくって裏が偶数が出ることを確認したとして、「やっぱりそうだ、ルールはあっているな！」と思った人は、「4」が出ているカードもおそらく「偶数だからこうなっているはずだ！」という期待を込めて裏返すかもしれません。

つまり、結論が成り立ってほしいときに、それを支持する情報だけを集めたがる傾向があります。これが「確証バイアス」です。

確証バイアスに陥らないようにするには、論理的に証明したいルールの反例を意識して探すことです。反例が見つからないことが確認されれば、ルールは成立するはずです。反例が見つかれば、ルールは否定されます。

もし、ある命題が正しいことを主張したいなら、まずは反例を探すこと。それは、都合のよい情報だけを集めてしまう確証バイアスを防ぐためにもよい方法です。

聞き方を変えるだけで正解率が上がる?

4枚カード問題には、実は興味深い続きがあります。

同じ論理形式の問題でも、別の聞き方をすると正解率が変わることがわかったのです。それは次のような聞き方です。

問題

4枚のカードがあり、それぞれ片面には「酒」か「ジュース」が、もう片面には年齢の数字が書かれている。

4枚のカードは「酒」「ジュース」「16」「25」の面が見えている状態である。

このとき、「酒を飲んでいるならば、18歳以上である」というルールが成立しているかどうかを調べたい。最低限どのカードをめくると判明するか？

正解は「酒」と「16」です。

この聞き方では、正解率がもとの問題よりも高くなったと証明されています。

「16歳は何を飲んでいるんだ？」

「酒を飲んでいるお前はいくつだ？」

人々は、社会的な慣習を通じて社会のルールを学びます。そうした馴染み深いルールのほうが、「論理学」という馴染みのないルールよりも適用しやすいのでしょう。

第2章の処方箋

病名　前提からバグ病

症状

「AならばBである」という文章で、Aが成り立たないときにBも成り立たないと結論づけてしまう症状です。

お薬（対策）

「AならばBである」という文章があっても、Aが成り立たないときは、Bについては何も主張できないことを肝に銘じましょう。

病名　それだけじゃない病

症状

「AならばBである」という文章で、文の後半（Bである）が成り立つときに文の前半も成り立つ（Aである）と考えてしまう症状です。

お薬（対策）

「AならばBである」という文章があるときに、「Bである」が成り立つが「A」ではない具体例を考えてみましょう（例：「魚は水の中に棲んでいる」という文章があるとき、水の中に棲んでいる魚でないものは？クジラは水の中に棲んでいるが魚ではない）。

第2章の処方箋

病名　二択病

症状

2つの異なる候補があるときに無理に1つに絞ろうとしたり、1つの軸の両極端を選ぼうとしたりする症状があります。

お薬（対策）

- 2つの候補があるときは､両方を選べる可能性がないか検討しましょう。
- 1つの軸があるときは、両極端ではなく間を選べないか検討しましょう。もし両極端を選ぶなら、そのときの状況によって決めましょう。

病名　一般化しすぎ病

症状

少ないサンプルから広すぎる一般法則を導いてしまう症状があります。

お薬（対策）

- 結論を出す前に、十分な数のサンプルをランダムに取りましょう。
- 仮説にあてはまらない例を積極的に調べましょう。
- どの範囲まで一般化できるかを意識しましょう。

楽勝～♪

第3章

現実世界の論理

本章であつかう病

□「またフェイクニュースだ。ネットの情報は間違っている」（ステレオタイプ病）

「またフェイクニュースだ。ネットの情報は間違っている」(ステレオタイプ病)

「またフェイクニュースだ。ネットの情報は間違っている」

この文章について考えてみましょう。

フェイクニュースはＳＮＳなどインターネット上に多いですよね。一方で、ネット上にも信用できる情報はたくさんあります。

「ネットの情報は間違っている」と結論づけるなら、今後はインターネットをいっさい使わないという結論になるかもしれません。でも実際には、多くの人はそうしていません。

普段インターネットを使い慣れている人は、「ネットの情報は間違っている」と言われても、信用できる情報もあることを知っているので誤解はないでしょう。しかし、これまでインターネットをあまり使ったことのない子どもが「ネットの情報は間違っている」と言われれば、本当に使わないかもしれません。少なくともこの表現を文字通り解釈するなら、そうなっても不思議ではありません。

・フェイクニュースがある　→　ネットの情報は間違っている
・信用できるものもある　→　ネットの情報は間違っていない

これをどのように表現すればよいでしょうか。答えは、**「すべて」と「ある」という2語が加わった「述語論理」を使うこと**です。

「すべて」と「ある」の2語を加えれば、正確に表現できる

・フェイクニュースがある　→　ネットの情報は間違っている

・信用できるものもある　→　ネットの情報は間違っていない

この2つの文章は反対のことを主張しているように見えます。ところが、「すべて」と「ある」の2語を加えると話は変わってきます。

ネットの「ある」情報はフェイクニュースである
「ある」情報は間違っていない
（個別の話をしている）

ネットの「すべて」の情報は信用できる
（全体の話をしている）

ここで「ある」という言葉は「個別」のものを対象とした一つの事実を示すために使っています。こうすると、どうでしょう？

ネットの情報は「ある」ものは信用でき、「ある」ものは信用できない。
(個別の話をしている)
ネットの情報は「すべて」が信用できるわけではない。
(全体の話をしている)

ちゃんと矛盾なく実態を表現できますね。

私たちはふだん自然にこのような表現をしていて、問題意識もありません。ただ、活字にして「AならばBである」のかたちだけで考えると、矛盾した話になってしまいます。

実は第2章までで解説してきた「AならばBである」の命題の形式は、現実世界で使うには守備範囲が狭すぎるのです。

別の例でも考えてみましょう。

「日本人は日本国籍を持っている」
「日本人は日本生まれである」

「日本人は日本国籍を持っている」は、定義より真です。しかし、「日本人は日本生まれである」は外国生まれの日本人もいるため偽です。

これらを次のように書き換えてみました。

「すべて」の日本人は日本国籍を持っている
「すべて」の日本人は日本生まれである

パッと見ると同じに見えるかもしれませんが、よく見ると……

日本人は日本生まれである

「すべて」の日本人は日本生まれである

後者は、「すべて」が入ると、「そんなことはないぞ！」と気が付きます。この2文の否定形をつくってみると、より違いがわかります。それぞれの否定文は次のようになります。

日本人は日本生まれ「ではない」
「すべて」の日本人は日本生まれ「ではない」

前者は「すべての日本人は日本以外で生まれている」とも解釈でき、これは偽の文になりますが、後者は「すべての日本人が日本で生まれているわけではない」となり、これは真となります。この文章を同じ意味で言い換えると「ある日本人は日本以外で生まれている」になり、ここで「ある」が出てきました。

「すべて」と「ある」の関係はこのように、「すべてのAはBである」を否定すると「あるAはBでない」になり、また「あるCはDである」の否定は「すべてのCはDでない」となります。

この例のように、もし「すべて」という概念を使わない場合、「日本人は日本国籍を持っている」や「日本人は日本生まれである」のようになり、「日本人」全体を一つとしてしか扱えません。

つまり、日本人が1人しかいないのと同じ状況しか考えることができず、過度に単純化した議論しかできません。

図10　アリストテレスによる命題の分類

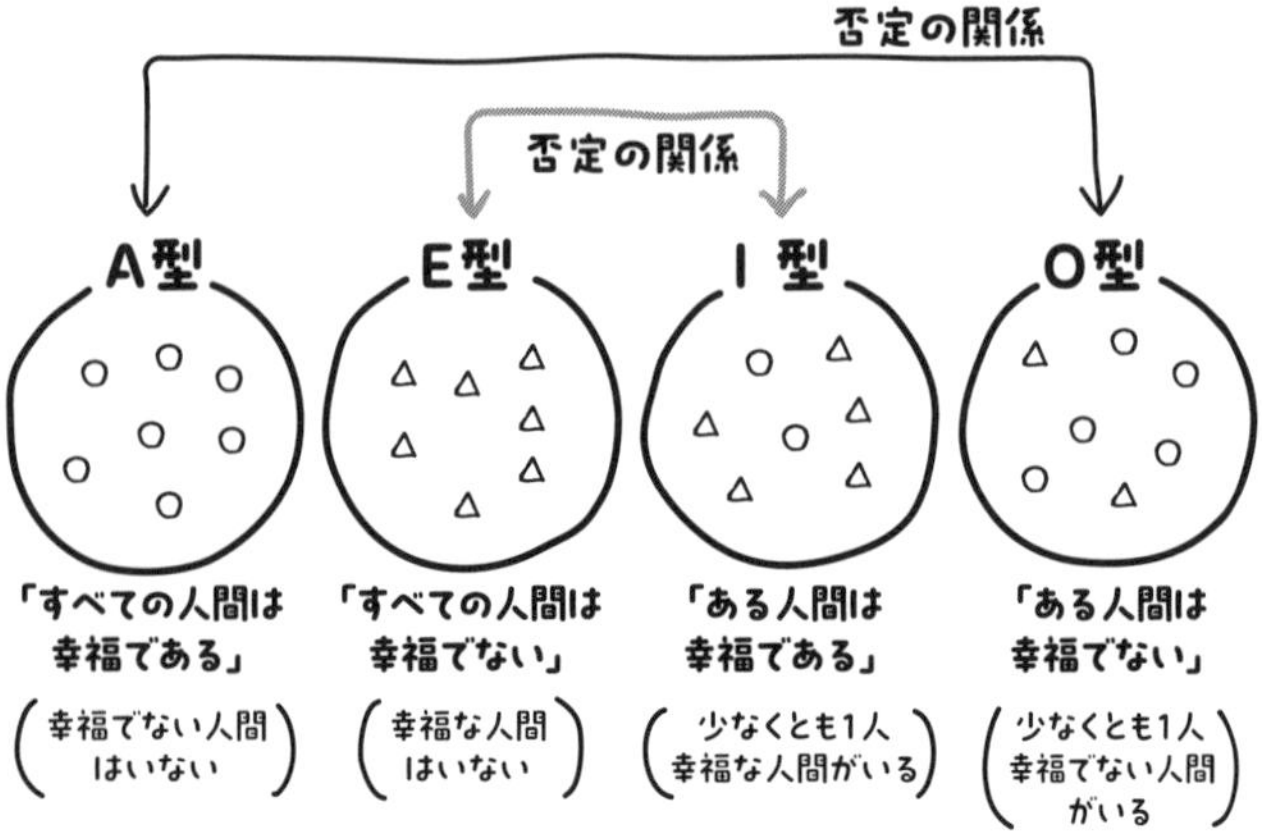
否定の関係
否定の関係
A型
E型
I型
O型
「すべての人間は幸福である」
(幸福でない人間はいない)
「すべての人間は幸福でない」
(幸福な人間はいない)
「ある人間は幸福である」
(少なくとも1人幸福な人間がいる)
「ある人間は幸福でない」
(少なくとも1人幸福でない人間がいる)

通常、私たちがこの状況を考えるときは、「日本人」は1人ではなく集合体として理解しているので、あまり不具合は感じません。ただ、「日本人」ほど馴染みがない場合は、このような誤りは結構よく生じています。

このあたりは2000年以上前の古代ギリシャ時代に、アリストテレスが理論的にまとめて説明しています。

「すべて」を用いた命題を「全称命題」、「ある」を用いた命題を「特称命題」と呼び、それぞれ「肯定」と「否定」をつけることもあります。図10でいうと、A型を「全称肯定命題」、E型を「全称否定命題」、I型を「特称肯定命題」、O型を「特称否定命題」といいます。

「ステレオタイプ病」は脳に楽だから蔓延しやすい

身近にありそうな例をいくつか挙げましょう。

（例1）

「半導体メーカーは好調だよ」
「えっ、半導体メーカーX社は赤字じゃない？」
「半導体メーカーY社は黒字だよ」
「半導体メーカーは結局いいの？」

どこがかみ合わないのでしょうか？

「半導体メーカー（全体）はよい／悪い」
「半導体メーカーX社、またはY社（個別）はよい／悪い」

「全体（すべて）」と「個別（ある）」の二つの文を同じように考えているところが問題です。

（例2）

「あーまた失敗した。私はダメ人間なんだ……」

これは日本人に多いタイプかと思います。

いろいろやっていれば失敗することもあるでしょう。成功していることもあるのに失敗だけを取り上げて全人格が否定されたかのように考えるのは、論理的には正しい判断とは言えません（失敗したことを覚えているのは、改善するためには悪いことではないですが）。

「ステレオタイプ病」について少し感じがつかめましたか？

この病はいくつかの事例から極端に簡単な結論を導いています。極端な結論になるという点では「一般化しすぎ病」とも近いのですが、ここで強調したいことは「**すべてをひとくくりにするな！**」ということです。

はっきり言うと、ひとくくりにして単純に捉えたほうが、脳には楽です。楽だからこそ蔓延してしまうのです。いちいち例外や規格外のことを考えていると、場合分けするのも面倒だし、例外は大勢に影響がないことも多いので問題ないこともあるでしょう。

しかし、単純化したぶん情報量も少ないので、複雑なケースは扱えません。そのため、状況の理解も問題解決も進まないことになります。

面倒でも、正確に情報を理解する。伝えるために「すべて」または「ある」をつけてみましょう（面倒くさいヤツだと思われたらすみません……）。

ユーチューバーは「ステレオタイプ病」を利用する

「ステレオタイプ病」は非常に習慣性が強いので注意が必要です。

私たちはわかりやすさというものに弱く、特にそれが自分の感情や価値観と一致するときには強力なものになります。

実はマーケティングにおけるブランディングは、まさにこれを利用しています。いったんあるブランドが素晴らしいものであると認識すると、人は無条件にそれを好意的に受け止め続ける傾向があります。

アパレルやファッションの場合は、客観的事実はさておき、自分が好きにものを選べばいいともいえます。

一方、科学の事実をもとに災害対策をしたり環境問題に取り組んだりする場合には、事実が何であるかは極めて大切です。各国の政府もそのあたりは心得ており、御用学者をかかえて大学の権威によって自分の主張を強調し、洗脳に近い誘導をすることもあるでしょう。

最近では、ＳＮＳやユーチューバーにも注意しなければなりません。

有名なユーチューバーは非常に歯切れよく、わかりやすくメッセージを伝えています。下手にニュースを見たり本を読んだりするよりは効率的でよいのですが、彼らは多くの人に見てもらうことで視聴者を増やし、視聴数で広告料を得るビジネスモデルなので大衆寄りになりがちです。

政治におけるプロパガンダも同じ仕組みで、大衆の支持を得るには話はなるべく極端にしたほうがわかりやすく、消化によいご飯みたいにあまり考えなくてもすっと入っていくように練られています。

そうなると、述語論理の「すべて」や「ある」などは抜けて、単純な「○○はよい／悪い」という全称命題だけの極論となり、事実からは離れていくことになります。

「すべて」なのか、「ある」なのか？

ここからは少し論理学の言葉を使って「命題論理」と「述語論理」の解説をします。

「命題論理」というのは高校の数学で出てきた命題を扱うもので、命題というのは真偽がどちらか1つに必ず決まる文のことでした。

例えば、「正三角形ならば3つの角は等しい」というのは真の命題で、「二等辺三角形ならば正三角形である」は偽の命題です。論理学での「命題論理」の定義はややこしいので、ここでは簡単に述べることにしますが、この命題を使う論理のことを「命題論理」といいます。

この「命題論理」に「すべて」と「ある」という概念を加えたものを、「述語論理」※

と呼び、それがない「命題論理」と区別します。

述語論理では「日本人」の例のように、考える対象を1つのもの（全体）だけでなく、そこに含まれる要素（個別）など部分的なものも同じように扱います。

「すべて」を用いた命題のことを「全称命題」と呼び、「ある」を用いた命題を「特称命題」と呼びます。これらを使うメリットは、対象を複数要素の集合として考えることができるという点にあります。例では日本人を対象として考えました。日本人は約1・2億人の集合です。その中にはさまざまな人がいて実は一つの個体ではなく「日本人」という言葉で表現するときには一般論として、または統計的な平均値について言っています。前述の例で日常生活においては「日本人は日本生まれである」というのは「多くは」正しいでしょう。海外生まれの日本人は全体からするとかなり少数です。しかし厳密に論理的に考えるなら例外があるので、正しくないことになります。

「すべて／ある」がない世界だと、日本人を一つのものとしてしか扱うことができず、そうなると全部の日本人が日本生まれであるか、そうでないかの二択になってしまいます。まさにここが「すべて／ある」を使わないといけない理由です。

この例が示すように「命題論理」は主体を一つとして見なせないため、集合体や一般化したものをまったく扱うことができません。論理的推論において思考対象を集合として扱える「述語論理」と、単一のものとして考える「命題論理」では情報量と扱える範囲が大きく違うことがわかります。

説明を聞くとややこしく感じるかもしれません。でも、私たちは日常生活ですでにこの「すべて／ある」を普通に使っています。私たちの頭の中には述語論理の概念が自然にインストールされているのです。

目の前のものを考えるときに、1つものだけを扱うこともあれば、複数のものやそれを集合体にした概念などを扱うこともあり、いろいろな対象を言葉の中で使い分けているはずです。

これを論理学の言い方にしたものが「全称命題／特称命題」です。

実は、ほぼすべての科学の論理は、この体系をもとに記述されています。

「すべての人間は死ぬ」、「ソクラテスは人間である」ゆえに「ソクラテスは死ぬ」という推論は、まさに全称命題と特称命題を使った「述語論理」で説明できます。しかし、「すべて／ある」が存在しない「命題論理」の世界では実は説明ができません。

※正確に用語の説明をすると命題論理に「すべて／ある」が加わったものを「一階述語論理」と呼び、それ以外にも別の述語論理もありますが、ここでは扱いません。

図11　命題論理は述語論理のものすごく単純なケース

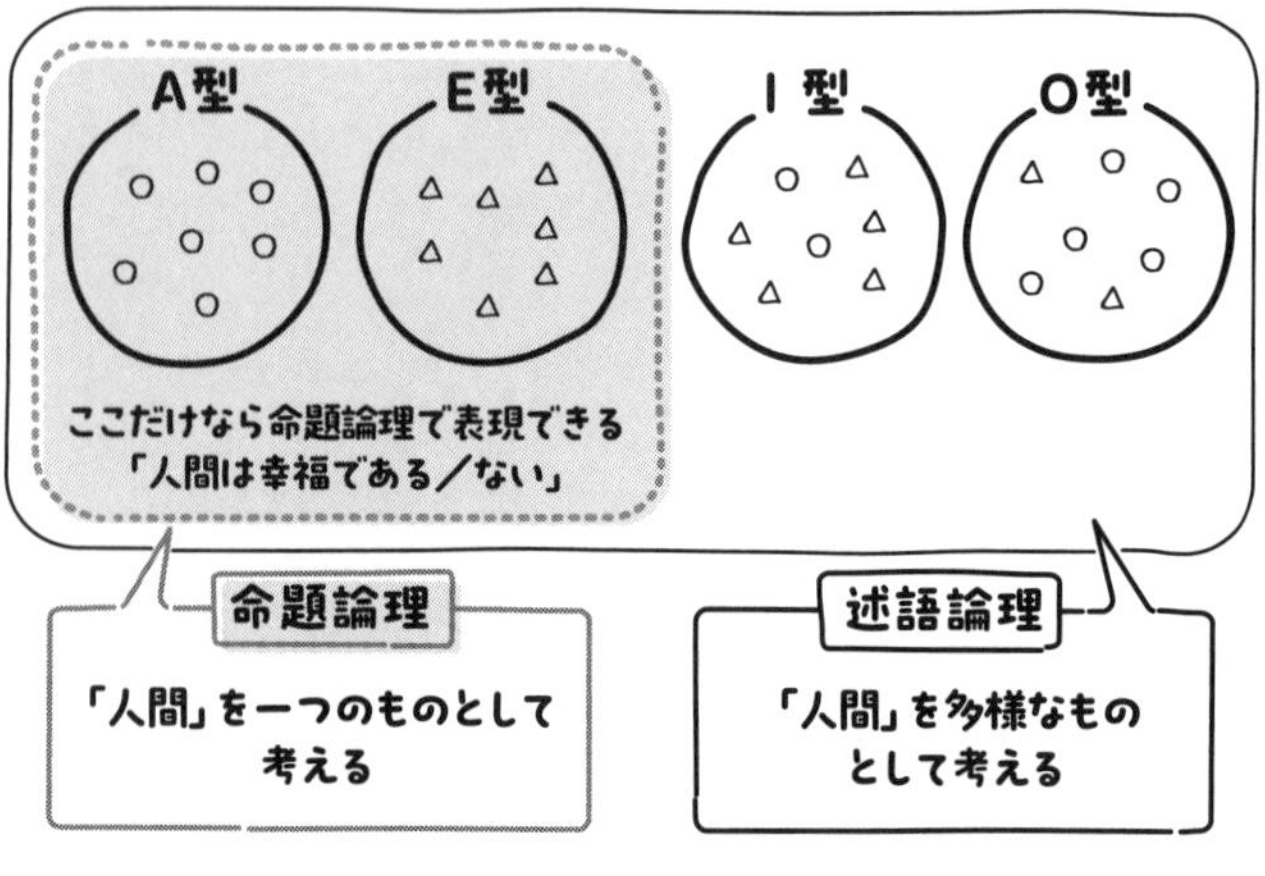

もっと詳しく

高校ですでに習っている「述語論理」

実は、「すべて」と「ある」を使う述語論理の概念は高校で習っています。例えば高校の数学では、次のように問われることがあります。

「すべてのxでf(x)が正(0より大きい)になるための条件は?」
「あるxでf(x)が正になるための条件は?」

この2つの問いは異なり、前者は全部のxに対して常にf(x)が正になり、後者はxが1個でもいいからf(x)が正になることを表します。

また数学だけでなく、国語や英語、漢文などにも違いが出てきます。

言語では否定文があり、これには「部分否定」と「全部否定」の2種類があり、それぞれ意味が異なります。

「すべては知らない」（＝知っている部分もある）→　部分否定

「すべて知らない」（＝まったく知らない）→　全部否定

否定がどこにかかるかによって意味が変わるのです。英語も部分否定と全部否定があり、私は学生のとき「I think he is not good.」を「普通はI don't think he is good.と言います」と直されたことがあります。しかし、これは論理的には意味

図12　y=f（x）の「すべて」と「ある」のグラフ

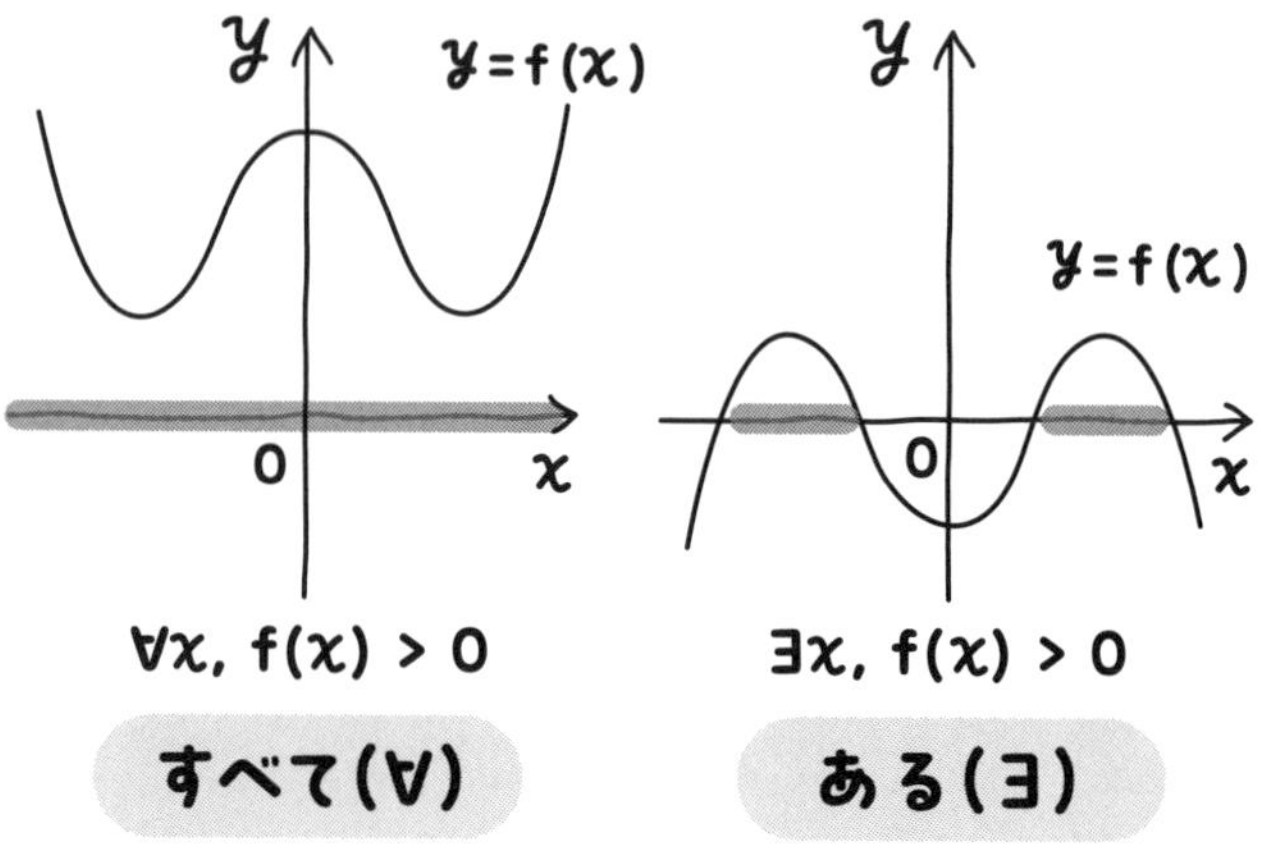

が異なります。

前者では「he is not good」と断言して「絶対に彼が悪い！」という意味なのに対して、後者では「彼はいいとは思わないけど、悪いかどうかもわからない」と解釈することもできます。

論理の道具はそろった！

「すべて／ある」を持つ述語論理は、複数の要素が持つ共通の性質を一般法則に当てはめる帰納的推論を表現するときに役立ちます。

例で説明すると、「商店Aが休みである」とは「すべて」の商店が休みであるかはわからないけれど（全称命題）、少なくとも「ある」商店（この場合は商店A）が休みであることは真です。「商店Bも休みである」「商店Cも休みである」は同様に「ある」商店は休みであることが真であることを表します（特称命題）。

しかし、ここから一般化してすべての商店が休みであるとはいえず、そういう意味では仮説です。全部の商店を調べるまで、その仮説が真であることは保証されません。仮に「すべて」の商店が休みであることが成り立つとすると、それは全称命題となり、一般法則が成り立ちます。

そういう意味では、帰納とは、述語論理の言葉を使うと「ある」を使った特称命題を全称命題へと格上げする行為です。日常の言葉で言い換えるなら、「部分肯定（否定）」を「全部肯定（否定）」に格上げする行為が帰納的推論です。

格上げしたくても、一つでも例外があれば全称命題にできません。そういう場合でも、その例外の数が少ないときには、全称命題に近似することがあります。論理学的には正しい推論ではありませんが、実社会ではほとんど正しいなら認めましょう、ということですね。

図13　述語論理は帰納的推論に近い

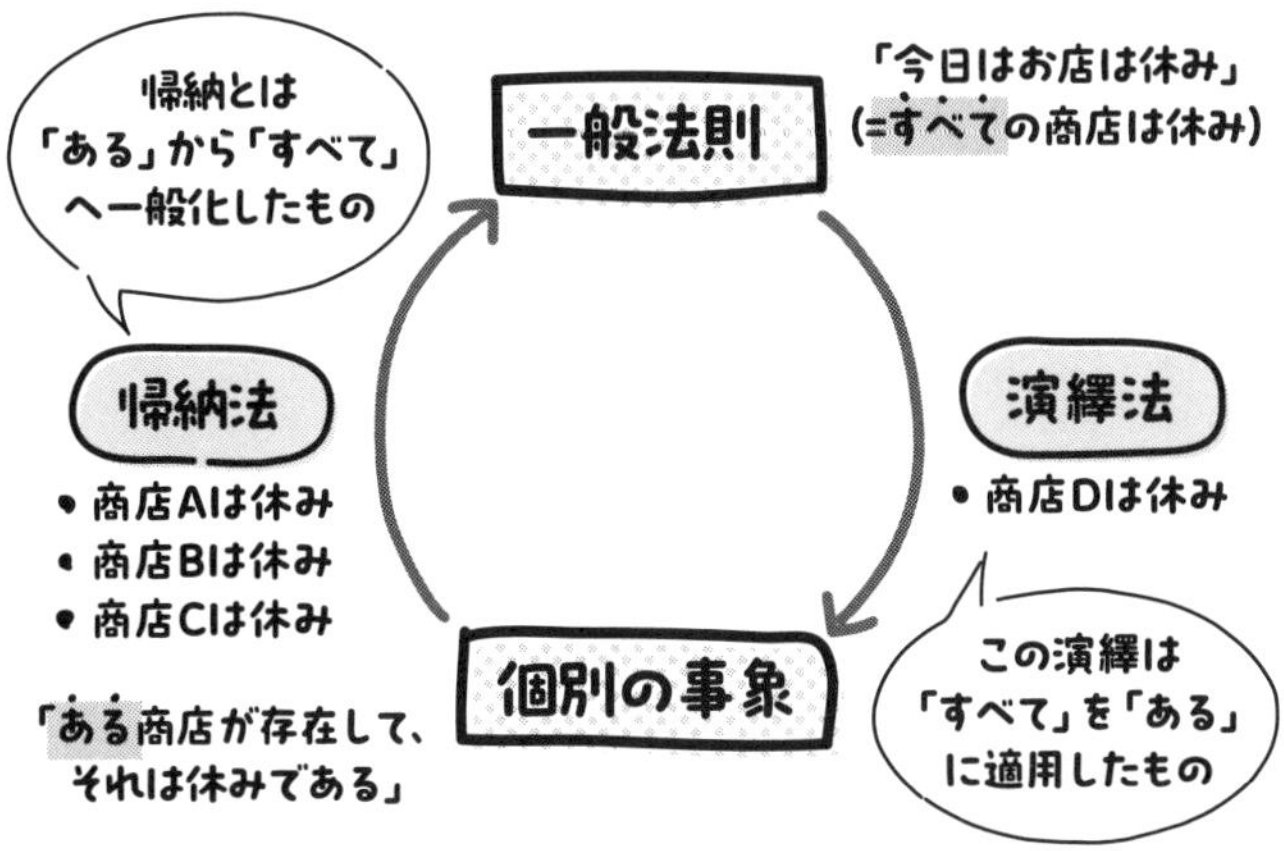

言っていることは、どこまで正しいのか？

述語論理の特徴は、考える対象を「個別（ある）」でも「全体（すべて）」でも同じ形式で矛盾なく表現できることです。

これにより急に表現できる世界が広がり、文章が複雑な情報を持てるようになります。

数学や物理では「一般化」という用語をたくさん使います。ある法則がどれだけ広い範囲に適用できるかを考えるときに使い、研究者たちは自分の法則がどこまで広い範囲で成り立つかを検証します。

この規則はどこまで広く正しいのか？（＝「一般化」はどこまで可能か？）

では、「ある」もので成り立つ法則が、「すべて」で成り立つ範囲はどこまでか？　ということを考えてみましょう。これも例でお話しします。

- 佐藤さんはせきつい動物である（真）
- 山田さんはせきつい動物である（真）

サンプルは2つで少ないですが、ここから佐藤さんと山田さんを含む「人間はせきつい動物である」と帰納的に推論しました。これは科学的事実であり真です。さらに、哺乳類にまで範囲を拡大した「哺乳類はせきつい動物である」も真です。

しかし、もう少し拡大した「生物はせきつい動物である」は偽です。範囲を広げすぎましたね。

このように帰納的推論を進めて範囲を広くしていくこと（＝一般化）を科学は推奨し、なるべく多くのケースに成り立つ法則を探していますが、この例のように限界を超えることがあります。

これには「合成《ごうせい》の誤謬《ごびゅう》」という名前がついており、経済学でよく使われます。

経済学の世界の「合成の誤謬」を説明すると、ミクロの範囲では経済的に合理的な行動をとっても、マクロの範囲では意図しない結果が生じてしまうことをいいます。代表例としては、「貯蓄のパラドックス」があります。個人が貯蓄を増やすミクロ的な経済行動によってマクロ的にはものが売れなくなり、はねかえって個人の所得水準を減少させ、もとより貧しくなるという想定したこととは反対の結果を導きます。また別の例では、政府が税収増をもくろんでおこなう消費税の増税は、消費者の買い控えを発生させ、意図とは別にかえって税収減になる可能性があります。

もっと詳しく

局所解は全体解にならない

「局所解」と「全体解」という概念があります。

思考の対象となる範囲によって解は異なることがあります。合成の誤謬というのは、これを表現した用語で、「局所解は全体解にならないバグ」のことです。

これは社会でも非常によく見られることで、例えば小さな組織がそれぞれで自分たちに最適なことをしても、全体としては非効率なことがあります。それぞれが「部分最適」を図っても、その結果が「全体最適」になるわけではないのと同じことです。

このように、普段はあまり意識しないかもしれませんが、「どの範囲まで考えるか？」という前提条件は正しく推論するためには必要な情報です。

図14　範囲が広すぎて成り立たない推論

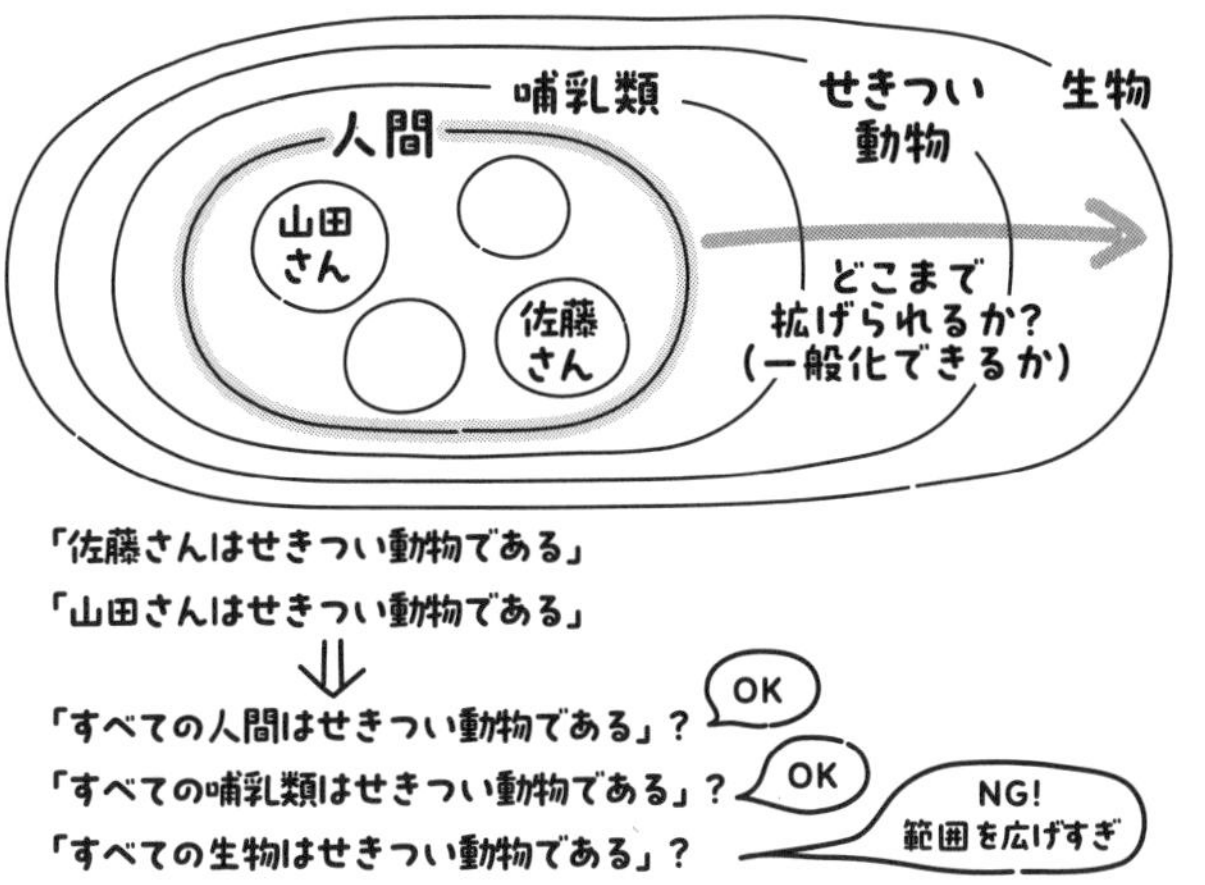

述語論理とはつまるところ、考察の対象となる主語に柔軟性を持たせ、一つひとつの要素も、それを含む集合も、さらにその集合を含む大きな集合も、どれも同じ形式で表現することができます。

このように広い範囲でさまざまな情報を持てるので、学問も社会現象もこの論理のルールだけでほとんど記述することができるのです。

第3章の処方箋

病名 ステレオタイプ病

症状

例外や当てはまらない場合があるときでも、ものごとをひとくくりにして、単純化して片付けようとする症状があります。

お薬(対策)

- 「すべて」と「ある」の2語を付け加えてみて、全体か部分かを区別して理解しましょう(すべてをひとくくりにしない)。
- 「AならばBである」といった単純な法則を好むところがありますが、その場合はAの範囲に注意しましょう。

ハア
ハア
ハア

第4章

複雑さと構造化

本章で扱う病

□「売り上げアップには単価と数量が論点だ」（フレームワーク病）

なぜ、情報の構造化が必要なのか？

前の章では「すべて」と「ある」という2語が加わった最強の「述語論理」という新しい武器が出てきました。考える対象を小さなものから大きなものにまで広げ、柔軟にそれらをあつかう方法を学びました。

しかし、あつかう対象の幅が広がったということは、同時に多くの複雑な情報を処理しなければならないことを意味します。すると今度は、それらを効率的に処理する方法が必要になります。

そこで威力を発揮するのが、「情報の構造化」です。

「情報の構造化」とは、バラバラな情報を整理し、類似性や共通項など意味のある関係性を明確にすることです。また、情報の整理に使う共通した思考の枠組みを「フレームワーク」といい、その多くは図やグラフのかたちをしています。ツリー構造やマトリクス、X軸Y軸、ピラミッド構造などがその例で、それぞれの特徴や用途にあわせて適切なものが使われます。もう少しくだけた言い方をするなら、**情報のグループをつくって図やグラフにすることが情報の構造化**です。

情報を構造化するプロセスでは、関係性を見つけるために対象を抽象化してさまざまな視点で見ることになります。そうやって整理した結果、情報全体を体系的に理解できるようになり、情報を活用しやすくなるのです。

「フレームワーク病」とは、このプロセスにおいて抽象化の視点がずれていたり、抽象化したまま具体策などに分解できなくなってしまったりする病です。

冬に南の空に見えるのは……

冬の星空を思い浮かべてみてください。

南の空に大きな3つの星がほぼ等間隔で直線に並んでいるものを見つければ、それがオリオン座であると気づくでしょう。

夜空には無数の星があります。その中から等間隔で並んだ3つの星を見つけて「オリオン座」を発見する行為には「情報の構造化」のロジックが使われています。


科学的に考えるのであれば、天文学的には、人類が想像した「星座」のようにグルーピングする意味は特にありません。単に地球という一惑星から見た夜空の二次元的な視点で、互いに近くに見える星のかたまりをグルーピングし、名前を付けて覚えやすいようにしただけです。

オリオン座だけでなく、北斗七星やカ

図15　バラバラの星を星座にするのは構造化

シオペア座、南十字星など、なんとなく人間が把握しやすいかたちにまとめることで、人々はバラバラでランダムに並ぶ星の全体図から、「これが北の方向にある」とか「今は冬の時期である」などの結論を導いてきたのです。

「バラバラなものを、かたまりに置き換えること」

これは、情報の構造化の一つです。

バラバラに散らばる多くの星も、星座という人間が覚えやすいかたちに当てはめることで、位置関係が把握できるようになります。こうしてできた複数の星座の位置関係を観察すると、1年のどの時期の夜空にどの星があるかを把握しやすくなり、バラバラだった情報がうまく整理されました。

私たちはフレームワークを日常的に使っている

なぜ、フレームワークなどを使って情報を構造化する必要があるのでしょうか。この問いに答える前に、フレームワークを使用している実例を紹介します。

電子メールサービスの受信フォルダを思い浮かべてください。フォルダの中は親が1個、子がN個からなる「1対N」のツリー構造をしていませんか？　メールが増えると、分類しなければ探しにくくなるため、多くの人は分類しています。分類の手順は次の通りです。

(1)同じような性質を持つものをカテゴリに分けて一つのものとみなす(数が多すぎると同時に考えにくいので、数を減らす)

メールの数が増えると、大事な連絡とそうでない連絡が同列にたくさん並んでしまい、探すのに苦労します。そこで例えば、「仕事用フォルダ」「家族用フォルダ」などに分ければ、確認するタイミングや返信するかどうかを判断しやすくなります。

(2) さらに分類していき、より細分化された特定の意味を持たせる

例えば、「仕事用フォルダ」に毎日たくさんのメールが来る場合には、その中からさらに「Aプロジェクト」「Bプロジェクト」など仕事の種類ごとに分類して、必要に応じて読んだり返信したりすることになります。

つまり、数や種類が多いものを効率的に処理するために複数の階層構造を持つように分類すると、それがツリー構造のかたちになっているわけです。

このように、私たちは日常的にフレームワークを使って考えているのですね。

「売り上げアップには単価と数量が論点だ」（フレームワーク病）

「売り上げアップには単価と数量が論点だ」

次は、この文章について見ていきましょう。次のようなシーンを想像します。

（ある社内の会議で）

「新しい事業部の売り上げが伸び悩んでるけど、どうしてだろう？」

「売り上げアップには単価と数量が論点ですね」

「……」

このような会話が最近では多く聞かれるようになってきました。おそらくフレームワークが普及してきた結果でしょうが、「売り上げ＝単価×数量」という一般法則を話に入れようとして、どうも少し的外れな議論になっています。

最初の問題提起は、売り上げが伸びていない原因を探り、そこから施策を出していくというプロセスを期待してのことでしょう。

そうだとすると、「売り上げアップには単価と数量が論点」という発言は施策を考えるときには役に立つかもしれません。というのも、売り上げは単価と数量の掛け算で計算できるので、どちらかの数字が上がれば、売り上げを上げることにつながる可能性が高いからです。

しかし、「今なぜ売り上げが伸び悩んでいるのか？」という問いに対しては、この分解はあまり意味を持たないでしょう。例えば、販売ルート別にどこがよくてどこが悪いのか、ブランドイメージがどうなっているかなどは、この式からは読み取りにくい情報です。

フレームワークは使い方が難しい

そもそもなぜ、「フレームワーク」を使うのでしょうか。
目的としては次のようなものがあります。

（1）全体を大まかに見て、大事なことが漏れないようにするため
（2）全体を見ても大きすぎるので、個別に見るために構成要素や共通の性質を持つ部分集合に分類して、全体と部分の関係を可視化するため
（3）全体と部分の関係が可視化された図（脳内でもよい）をもとに、必要に応じて狭く深掘りしたり、広く俯瞰したりしながら情報を見ていくため

具体例として、「ツリー型」のフレームワークを考えてみましょう。

情報を構造化するときによく使うのが「ツリー構造」です。ツリー構造は逆さにした木の枝葉のように、上から下に広がる構造のことです。家族関係に例えるなら親が根っ

こで、子どもが枝、孫が葉っぱです。各要素は必ず一つの親要素を持ち、同時に各要素は複数の子要素を持つことができるという特徴を持っています。

このツリー構造は上に行くほど要素の数が減り、情報が集約されるので抽象化されます。反対に下に行くほど要素の数が増えて分解され、具体的になっていきます。このツリー構造の中で「抽象化／具体化」はそれぞれ「上向き／下向き」に対応し、視覚的に整理されます。ツリー構造はこの「抽象／具体」を扱うことが得意です。

注意したいことは、対象が同じでも分解する方法が複数あるので、考える対象に合ったツリー構造をつくらないと意味がないことです。

(1) 広い思考対象を分割して考える

多くの情報もしくは複雑な情報を考えるとき、人間はどうしてよいかわからなくなることがあります。大脳は同時に大量の情報を処理できないので、なんとか情報量を減らす方法を模索し始めます。例えば、広範囲な情報は同時にすべて考えるのが難しいので、部分集合に分けて順番に処理していきます。部分集合では狭い範囲に対象が絞られるため、具体的に考えられるようになります。

また、ツリーの上に行って抽象化しても下に行って具体化しても、1組の「1対N」の親子関係の中では、要素は（1＋N）の限られた数で、しかも親子関係のある情報なので頭の中での処理はしやすいはずです。

人間の脳の処理は一度に多くのことはできませんが、1組の親子関係単位で局所的に処理できると楽になります。

(2) 複雑な情報を「視点」を定めて特定の点だけで見てみる

非常に複雑なことを考えるときは、いろいろな要素が絡みあって整理できないことがあるかもしれません。そのときに特定の要素だけを見て、それを基準に分類すると、「視点」（切り口）が一つに定まり、ものごとをすっきり見られるようになります。

例えば、たくさんの洋服がクローゼットからあふれているときに、色で分類したり、シャツなどの種類で分類したりするとすっきり整理できますね。

別の例としては、生き物の全体を「せきつい動物」「無せきつい動物」に分類し、そこからさらに「哺乳類」「鳥類」などに分けていくと、ツリー構造が完成します。

一般的なツリー構造のつくり方

ツリー構造はどのようにつくるのでしょうか。

それには2つの方法があり、それぞれ「トップダウン・アプローチ」と「ボトムアップ・アプローチ」と呼びます。

第2章で説明した通り、論理的に考えるときには、演繹と帰納の2種類の推論方法があります。これと類似点があることから、トップダウン・アプローチを「演繹法的アプローチ」、ボトムアップ・アプローチを「帰納法的アプローチ」ということもあります。

・ボトムアップ・アプローチ：多くの要素を共通項などをもとに分類し、いくつかの階層をつくることでツリー型をつくる方法。

・トップダウン・アプローチ：全体から特定の要素をもとに分類し、これを繰り返すことで階層構造のツリーをつくる方法。

実際にツリー構造をつくるときは、場合にもよりますが、この両方のアプローチを組み合わせて使います。どちらかに重点を置いてつくることが多く、それぞれについて例で説明します。

（1）ボトムアップ中心の進め方

図16　ツリー構造における帰納法と演繹法

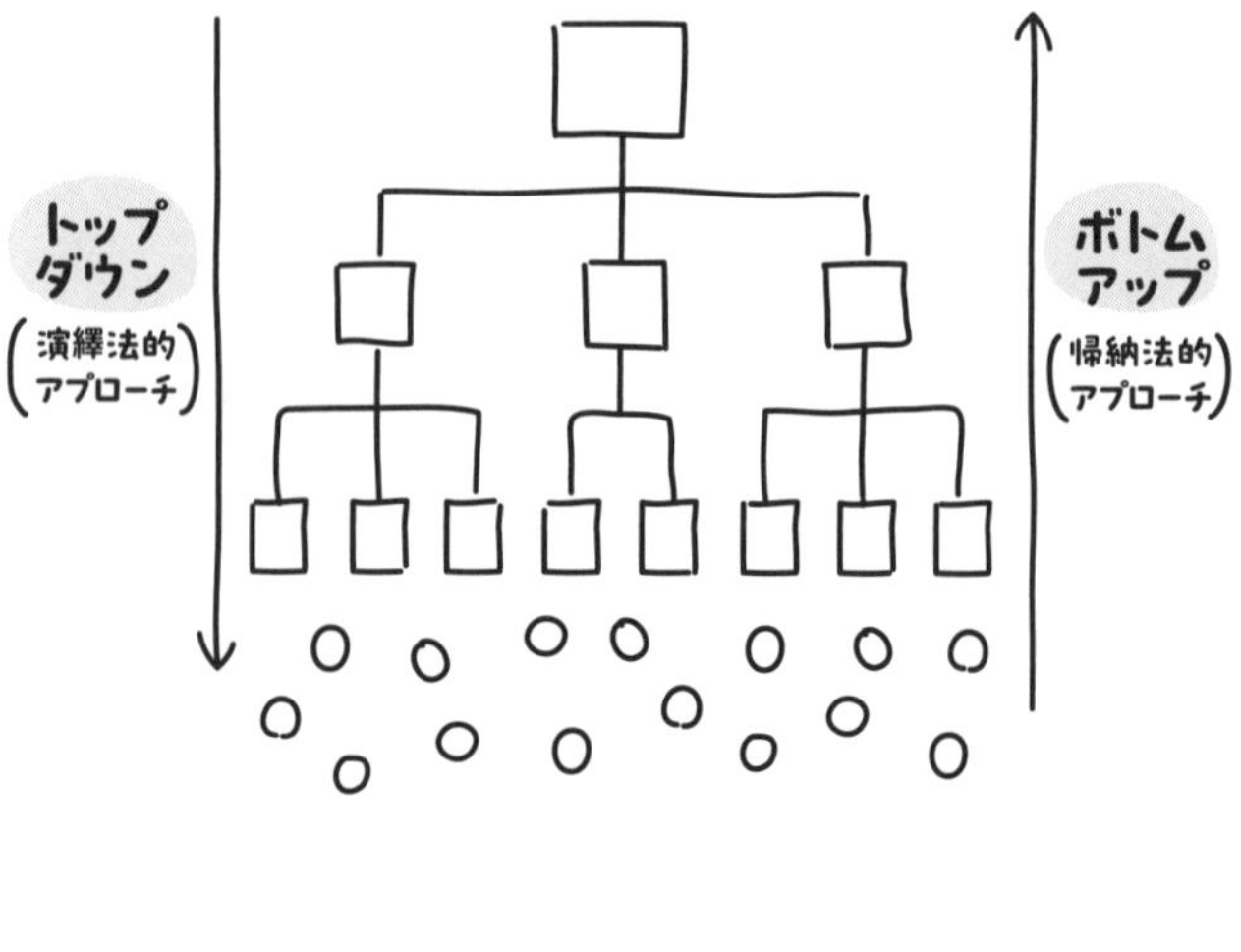

まずは、必用そうな関連する情報を思いつくままにあげていきます。なるべく多くの情報を集めるには、批判することなしにただ数をたくさん出していくブレインストーミングが適しています。

情報が出尽くしたらそれを意味のあるカテゴリ、例えば共通する要素などで分類して、これを何層かに組み立てていくとツリー構造になります。

その後、分類の仕方を何通りも考えつつ、それらをトップダウンの視点でもう一度検証して最後は最適なものを残します。

注意点としては、ボトムアップだけだと思いついたアイデアの中で構造化することになり、全体の視点が欠けやすいことです。また、網羅性も担保されない可能性があります。

(2) トップダウン中心の進め方

ある程度情報が集まったところで、それをどのように分類にすると見やすくなるか考えていきます。

十分に案を出したあとやすべての可能性を考えたあとなどに、いくつかの視点または分類基準で分けていき、階層構造ができるまで何度か分類するとツリー構造になります。

注意点としては、詳細な情報の中から大事なポイントや視点を見つけて分類しなければ、ただの極論の一般的分類になりやすく、現実解とは遠く離れることがあることです。

フレームワークについての誤解

フレームワークについて、正確に理解しないと「フレームワーク病」になるので、次の4つにご注意ください。

（1）フレームワークはそれ自身で何かの解答を導き出すものではない
（2）フレームワークはツールなので使うことが目的ではない
（3）抽象化すると一般的すぎる結論になりやすい
（4）フレームワークは同じ対象に対しても何通りもある

まず、フレームワークはそれ自身で何かの解答を導き出せるものではありません。
フレームワークに分けることは本質的に一つの視点（基準）をもとにした情報のカ

テゴライズだけなので何も生み出しません。このプロセスはここで整理された情報を次のプロセスで加工しやすくするための前段階工程です。

別の言い方をすれば、フレームワークを使うのは「情報整理」段階のアウトプットで、その次の工程である「情報利用（取捨選択、加工）」のインプットとなります。

もう少しわかりやすい例を挙げてみます。

フレームワーク化は、ちらかった部屋の片付けと同じです。靴下や衣類や下着はクローゼットへ、革靴やスニーカーは靴箱へ。このルールの通りに片付ければ、急いで出かけるときでもどこに何があるのかがわかり、必要なものを取ってすぐに出かけられます。

次に、フレームワークはツールなので、使うことを目的にしてはいけません。

フレームワークが普及してから、フレームワークを使うことがゴールになっている人をよく見かけます。整理されたカテゴリを見ると頭がよさそうに見え、全体も総括できるので、それだけで答えが出るという錯覚に陥りがちです。しかし、現場では役に立つ使い方をしなければフレームワークの存在意義はないのです。

3つ目に、抽象化すると一般的すぎる結論になりやすいことにも注意が必要です。フレームワークを使うと抽象的にものを考えて賢くなった気になります。情報の全体像を網羅し、難しい概念を使っているからでしょう。しかし、フレームワークに整理された情報は、次の段階のインプットになる材料であり、最終的なアウトプットではありません。

抽象化しすぎた結果として、過度に一般化された解答や掘り下げられていない浅い解答しか出てこなくなります。

最後に、フレームワークは同じ対象に対して何通りもあるということも覚えておいてください。

同じ思考対象でも、抽象化・具体化したり一般化・個別化したりして考えるフレームワークは複数あります。例えば、顧客を対象とした場合に、年齢別や地域別、男女別など複数の分け方があり、それぞれの分解の仕方によって見る情報が変わります。どの分解が最適かといえば、それは整理された情報が次の思考プロセスで使いやすいかどうかという点で評価します。

フレームワークの限界

情報が多くなると人間は情報を処理できなくなり、一定のルールで整理をし始めます。そのときに整理されたかたちとして可視化されたものが残ります。それがフレームワークです。

ところが、多くの情報を体系立てて構造的に整理する方法は一般的に何通りもあり、どれが最も使いやすいかは、その後の思考プロセスでどのくらい役立つかで決まります。意味のない分類をした場合、ほかの切り口が見えなくなることから、その後どのように情報を処理すればいいかわからなくなることも少なくありません。

この「意味のある」、つまり、使いやすい切り口と分類を見つけるプロセスこそが論理的思考の本質であり、フレームワークは単なる中間生成物にすぎません。

適切なフレームワークの見つけ方は、ある程度は経験で学ぶしかありません。なぜなら、それは体系化されていないランダムな情報をどのように並べ替えればよいかを見つける、いわば視点を見つける行為であり、その視点を大枠のなかから「なんとなく」選別しているにすぎないからです。

最もよく使う4大フレームワーク

いくつかよく使うフレームワークがあるので、ここで紹介しておきます。

コンサルティングの仕事では現状分析のときに、いくつかの要素や変数を選んで図示します。具体的にどの項目や数字を用いてフレームワークにあてはめるかはさまざまでですが、「型」としてはよく使うフレームワークには次のようなものがあります。

（1）ツリー型

前述のようにGmailやＰＣのストレージのフォルダはこのかたちをしています。同じような種類のものを分類することで探しているメールやファイルを見つかりやすくします。ツリーにいろいろな意味づけをすることで、「イシューツリー」や「Whyツリー」「Whatツリー」など名前が付けられています。コンサルティングファームで使う「ピラミッド構造」もツリー型の一種で、一番上にメインメッセージを置き、下に理由などを列挙して三角形のピラミッド型をつくります。

（2）マトリクス型

2軸をもとに2×3のようなマスをつくって、性質の違うものを分類します。経営でよく使うものとしてはＢＣＧのプロダクト・ポートフォリオ・マネジメントのマトリクスが有名で、ＢＣＧマトリクスとして1970年代あたりから大流行しました。アンゾフの成長マトリクスも有名で、これは製品と市場を軸にしたものです。

(3) X軸Y軸

数学で出てくる2次元のグラフと同じで、2軸の取り方で2要素の相互関係が視覚的にわかります。単純なものでは身長と体重のグラフがあり、サンプルを多くとれば2つの変数の相関がわかり、人のサイズがどうなっているか理解できます。前述の2つとの違いは、2軸とも実数のような連続値をとれる特徴があり、一般言語より複雑な相関係数や回帰分析などの統計用語が使えます。

(4) PREP法

PREP（プレップ）法とは、「結論（Point）」、「理由（Reason）」、「具体例（Example）」、「結論（Point）」の順番で情報を伝える文章構成のことです。ビジネスのシーンではよく「結論から話して！」と言われることが多いと思いますが、この形式はそれを満たすだけでなく、その後に「理由」をもってきて、加えて説明のための「具体例」を挙げたあと、最後にもう一度「結論」を確認して終わりという流れができます。PREP法を使うことで「話す」ときと「書く」ときに主張が相手に効率的に伝わるようになります。

［もとの文章］

先日言っていたイベントの会場だけど、なんか思ったより申し込みが多くて嬉しいのだけど、入らないと困るからちょっと予算が高くなるけれど大きめのところに変更しました。

新しい会場は大手町のAビルで大きさは十分だけど、予算が10万円オーバーして大丈夫かな？

［PREP法で書き換えたら……］

- Point（結論）：イベント会場変更による超過予算10万円の確認
- Reason（理由）：イベント申込多数により大きな会場へ変更が必要なため
- Example（具体例）：大手町Aビルで超過額は10万円で承認が必要

・Point（結論）：超過予算10万円は承認いただけますか？

「あなたの話はわかりにくい！」と言われる方は、この「P」「R」「E」「P」のかたち（＝「構造」）に自分の文章をあてはめてみるとよいですよ！

このようなかたちに置き換えると、自分の頭の中の情報が整理されるので、人に伝える前に自分が何を言いたいかがよくわかり、その結果として人にもわかりやすく伝えられるという仕組みです。

図17　実務で使える4大フレームワーク

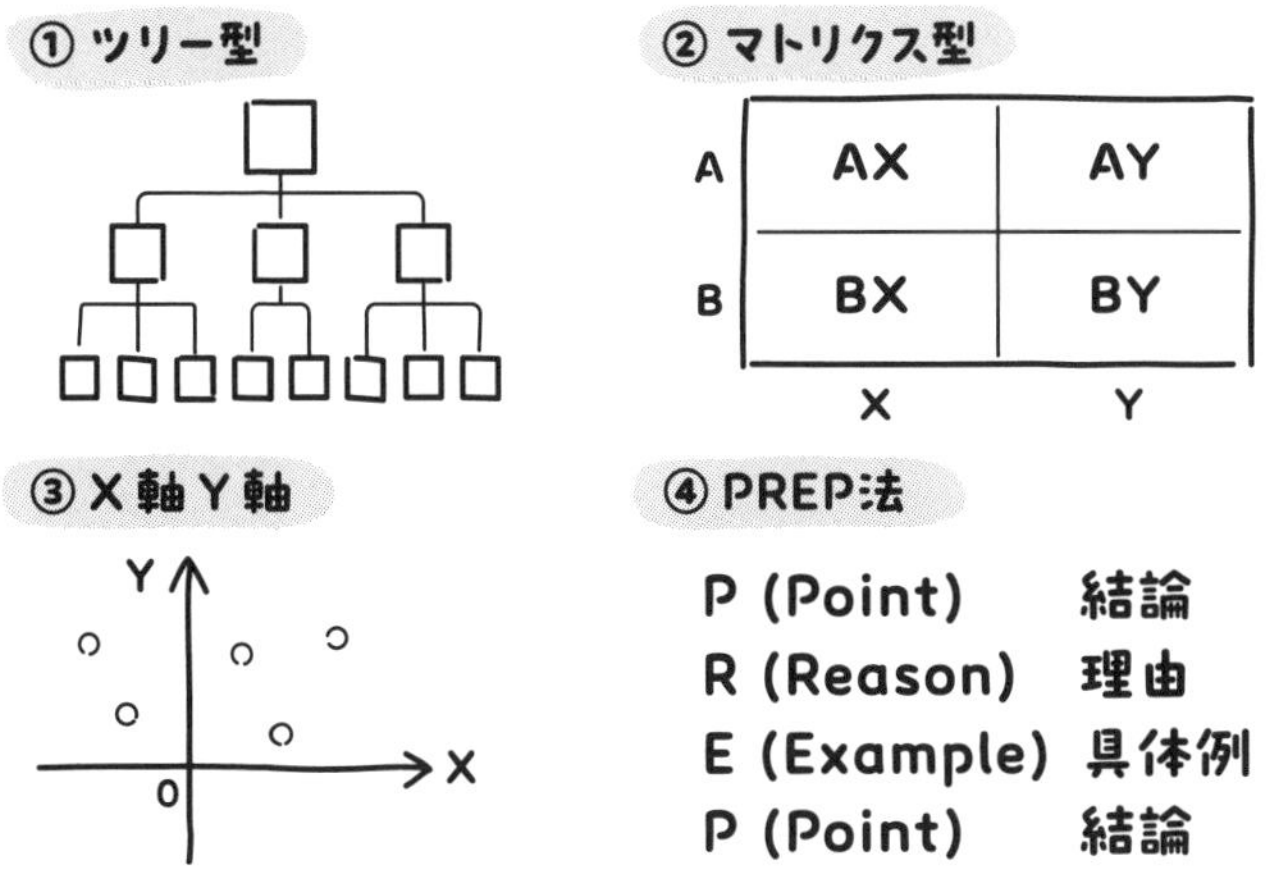

（5） そのほか

前述3つと違い非定型なかたちを持つものとして、アメーバ型のマインドマップや、経営戦略で前世紀に有名になった「5フォース分析」などもあります。

数字と構造を結びつける「フェルミ推定」

就職活動の面接で、フェルミ推定の問題が出題されることがあります。

特に就活生に人気の外資系コンサルティングファームでは、よく出題されます。コンサルタントは、社会課題や売り上げ改善案をつくるときに、売上高なり来場者数などの数字を短時間で試算することを求められるからでしょう。

対策本もたくさん出ていますが、フェルミ推定とはどのようなものでしょうか。

［フェルミ推定の例］

- 世界の人口は約80億人のうち、インターネットを利用している人は何人ですか？
- アメリカのピアノ調律師はどれくらいいるでしょうか？
- 東京タワーは1日に何人の人が利用するでしょうか？

・日本のGDPは世界第3位ですが、そのうち、製造業の割合はどのくらいでしょうか？
・日本でiPhoneを利用している人は何人ですか？

フェルミ推定は数理モデルをつくるのと同じ

フェルミ推定の解き方は、その状況を想像しながら知識や経験をもとに、いくつかの変数を使って計算します。手法としては社会科学や自然科学で使われる数理モデルをつくるのと同じです。「数理モデル」とは人口やＧＤＰなどの数字を数式として表すモデルのことです。

例えば、世界のインターネットのユーザー数を試算するとします。

国や地域によってユーザー割合が異なりますが、現代では途上国でも多くの人がスマートフォンを使っています。そうであるなら、一部の使っていない人だけを試算して、全体の80億から引けばよいと考えます。

一部の使っていない人とは、現代でも非文明生活を送っている人や所得が1年当たり10万円未満の人などです。その数を試算してみましょう。

このように、与えられた条件からいくつかの重要な数を持ってきて、周辺情報からモデルをつくって計算します。

ここでは例えば所得が一定以下、という条件を使っていますが、これはマーケティングのセグメンテーションと同じで、「どの変数（この場合は「所得」）に注目すればインターネットを使っていない人を特定できるか」という視点が得られれば、モデルはできます。しかし、インターネット使用と関係ない「身長」などの変数を用いた場合、想定する数字はまったく説明できなくなります。観察と考察によって、実態を表す変数を見つけなければなりません。

フェルミ推定をする場合は、次の順序で考えます。

（1）計算の対象をはっきりさせる
（2）計算対象の情報をたくさん集める（観察＋推測）
（3）集めた情報を整理して変数と求める数字の関係を明らかにする（＝構造化する）
（4）選んだ複数の変数の関係（構造化した情報）から計算式をつくり、数字を当てはめる
（5）計算結果が桁があっているか人口全体との比較などマクロ的な数字で検算する

第4章の処方箋

病名 フレームワーク病

症状

一般化された普遍的な法則（フレームワーク）を使おうとするあまり、的外れな議論をしてしまう症状があります。

お薬（対策）

- フレームワークを選ぶときは、どの視点（変数）で分解すればうまく理解できるかを考えましょう。
- フレームワークは情報整理のツールなので、整理した結果から次の結論を導き出すために使いましょう。

第５章

数と解釈

本章で扱う病

- □ 「降水確率は50％だ。だから今日は傘はいらない」（大きさオンチ病）

「降水確率は50%だ。だから今日は傘はいらない」(大きさオンチ病)

パンが3個ある。今月は30個売れた。ネットからの申込率は30%だ。

数字の表現は個人差が出ないことが多く、解釈や主観が入りにくい対象です。例えば、伝言ゲームをして最初の人が「パンが3個あります」という文を次々と違う人に伝えていったとしても、3個が5個にはなりにくいと思います。

論理的な議論を進めるときには、「用語を定義したか」「理由が事実か」などを考えることはよくあります。しかし、論理は文章のかたちをしているからか、数字や程度の情報を欠くことが少なくありません。

ここで、掲題の文章を見てみましょう。

「降水確率は50％だ。だから今日は傘はいらない」

この文章は、どこがおかしいのでしょうか。

例えば、「明日、雨が降りそうかな？」というときに気象庁のウェブサイトで降水確率を調べてみると90％だったとします。日常では、ここで「明日は雨が降りそうだから傘を持っていこう」と判断するでしょう。

この推論をもっと詳しく見てみると、次のようになります。

（気象庁の情報）「明日の降水確率は90％」
（Aさんの判断）「明日は雨が降りそうだから、傘を持っていく」

では、もし気象庁の予報が次のような場合はどうでしょう。

（気象庁の情報）「明日の降水確率は50％」
（Aさんの判断）「明日は雨が降りそうだから、傘を持っていく」
（Bさんの判断）「明日は雨は降らなそうだから、傘は持っていかない」

この場合、人によって解釈は分かれると想像されます。
簡単な例ですが、論理的な推論という点で重要なルールが含まれています。

同じ数字でも解釈次第で別物になる

もとの降水確率は同じであったとしても、どの基準で判断するかによって解釈が変わります。ある人は降水確率が30％以上であれば、雨が降りそうと解釈し、またある人は70％以上を雨が降りそうと解釈するかもしれません。

もとの降水確率をある基準で「降る／降らない」の2択に分けたあとは、もとの情報は消失して「降る／降らない」だけが残り、実態はもうわからなくなります。

この判断基準（例えば70％）は人により自由に選べてしまうので、判断した結果もバラバラになります。**もともと客観的に1つ存在した降水確率という数字が、言葉で2択に分けた瞬間から主観的となり、その後はもとの情報を復元できなくなる**のです。

さて現実のシーンに話を戻してみましょう。

（家を出る前の会話）

「今日雨降るかな？」（傘を持っていくべきかな？）

「天気予報見るね。……今日降らないよ！」

「サンキュー、じゃ傘いらないな」

はたして「今日は降らない」と言った彼女の基準はどこだったのでしょうか。

そして傘を持っていかなかった彼はその後、結局雨に降られました。その後の会話です。

「今日、雨降ったじゃん」

「あれ、降水確率50％だったのに」

「50％だったの！　だったら傘持っていくよ」

彼は、もとの降水確率50％という情報を、彼女からもらった「雨が降らない」という発言からは復元できませんでした。もとの情報は彼女の主観で判断（表現）され、彼の解釈とは異なる情報に置き換わっていたのです。

原理的に考えてみると、もともと数字が入っている情報を「雨が降らない」などの数字のない文に変換するということは、「降る／降らない」の二択に変換するということです。

もとの数字の情報を数字なしの文に変換するときには情報が欠落します。この変換

には主観が入ることがあるため、注意が必要です。

このような情報伝達の問題を発生させないためには、できればもとの数字のまま使ったほうがよいでしょう。

自動運転は危ない？ 数字で見れば……

もう一つ違う例を考えてみましょう。

最近Google社や中国の企業が自動車で無人の自動運転をテストしています。自動運転にはいくつかの段階があり、運転手のちょっとした補助を必要とする段階から完全な自動運転まで、それぞれの難易度でテストされています。その中でときどき事故が起こり、それがニュースに取り上げられると、SNSなどで「自動運転は危ないからダメだ！」という感想が飛び交います。

SNSでは悲惨なニュースが拡散されやすく、人々はSNSの影響を受けやすい環境にあります。

自動運転が普及したら実際にどうなるか、数字で考えてみましょう。

2022年の1年間に日本では飲酒運転による交通事故が2167件あり、そのうち死亡事件が120件ありました（警視庁ウェブサイトより）。

あくまで仮の話ですが、自動運転になれば少なくとも飲酒運転はなくなります。また、居眠り運転はもちろん、自動制御のためスピード違反も信号無視もなくなるはずです（バグの発生率によりますが）。

もちろん、自動運転によって今までになかった事故は発生するでしょう。もしかするとその件数は、自動運転がない場合より多い可能性もあります。

しかし、それらを数字で比較して議論しなければ正しい道には進めません。感情に訴えるニュースやネットの情報にまどわされず、判断する必要がある例でした。

数字がなければ、大きさや程度がわからず実態を把握できません。Aの場合には何人死傷者がいて、Bの場合には何人死傷者がいるという比較をもって判断すべきところを、数件の例が存在しただけでニュースにしてしまうのはメディアの悪い面でもあります。

メディアは人々の注目を集め、それにより広告料で稼ぐビジネスモデルなのでしかたがありませんが、正しい判断をするためには客観的な数字を用いる必要があります。

この話からの教訓はこれです。

数字を使わなければ、真実は見えない！

「大きさオンチ病」に対する処方箋

根本の問題は、2つの値しか持たない文章では、降水確率などの「0〜100」などを表現できないことでした。

「肯定か否定」、つまり「0か1」からなるシンプルな文章は、聞けばすぐに理解できるほど簡単で、判断もそれほど複雑ではないので便利です。しかし、シンプルすぎて情報が少なく、人の解釈が入るため情報も正確に把握できません。

この病に対処するには、2つの方法があります。

1つ目は数字を「0または1」に近似しないでそのまま使うこと。「降水確率は50%」と数字のまま表現することです。そのとき、0%から100%の間の任意の値をそのまま使って論理を考えることを「確率論理」といいます。

2つ目は段階的な程度を表す表現を使うことです。「段階的な程度」とは、例えば次のように分けることです。

①「雨が確実に降りそう」(降水確率80%以上)
②「雨がたぶん降る」(降水確率50%以上80%未満)
③「雨はたぶん降らない」(降水確率20%以上50%未満)
④「雨は確実に降らない」(降水確率20%未満)

こうすることで、雨が「降る／降らない」という極端に単純化された分類から、雨が「確実に降る／たぶん降る／たぶん降らない／確実に降らない」のように少しだけ中間を扱えるようになりました。ちなみに、降水確率はすでに10%単位で段階的に表現されています。

大きさオンチ病の対策として、私たちが気をつけるべきことは次の3つです。

（1）私たちは考えるとき、「ある／なし」のように単純化して考える傾向がある
（2）単純化した論理では程度や数字の情報が欠落し、実態がわからない
（3）情報が欠落しないようにするには数字をそのまま使うか、程度を場合分けして考える

もっと詳しく

あいまいさを表現するファジー論理

数学の世界では、「ある／なし」や「0／1」のように2通りの値しか取らないものを「二値論理」といい、多数の値をとるものを「多値論理」といいます。特に降水確率の例における①～④のような分け方をするものを「ファジー論理」と呼ぶこともあります。ちなみに、ファジー論理では①～④のように分けるものを「メンバーシップ関数」といいます。

・降水確率：値は0から1の間の実数の数だけある（ニュースでは10％単位で区切る）
・雨が降る／降らない：2通りしか値を取らない

この2つの情報を結びつけるのは、次のような関係です。

降水確率関数fの定義
降水確率（60％〜100％）＝「雨が降る」（例えば1という値、真）
降水確率（60％未満）＝「雨が降らない」（例えば0という値、偽）

二値論理と同様に、ファジー論理にも推論規則があり、論理体系として成り立っています。ファジー論理のメンバーシップ関数はある対象を有限個のどれかに当てはめるものでした。

ファジー論理は、制御システムなど日常の中のあいまいな条件や情報を扱うところで使われています。例えば、身近なところでは洗濯機や冷蔵庫などの家電製品から工業用ロボットの制御まで応用範囲は多岐にわたっています。

「偏差値」は、よい大きさオンチ病対策！

上手に「大きさオンチ病」に対応している、よい例があります。
それが、高校や大学受験で使われる「偏差値」という数字です。

偏差値は統計用語で、平均値からどれくらい離れているかを示します。もとのデータは受験者の点数で、100点満点のときには0～100までの整数をとります。点数は解釈がいっさい入っていない単一のデータなので、全体の中での自分の成績がどのあたりになのかといった相対位置はわかりません。

ある人が80点を取ったときに、80点がよい点数なのかどうかは判断基準によります。判断基準としてまず出てくるのが平均点で、それより上か下かで受験者の中での相対位置を測ろうとします。判断基準となるもう一つが、どれくらい平均点から離れているかという指標で、これが偏差値です。

平均点や偏差値は全受験者のデータを使って導きます。この計算式は統計学で定義されています。

偏差値を見れば、自分が全受験者の中で上位または下位の何パーセントあたりにいるのかわかります。

偏差値はこのように受験という目的に合わせて解釈でき、実態を把握して対策を練るために必要な数字といえます。

統計などの数字には「正確な解釈」がいる

客観的な事実とは、個人の解釈が入る余地がなく、誰でも同じように考えることを指します。その客観的な事実として数字を使うことはよくあります。

例えば、日本の人口は何年何月何日のある時点で何人か、という事実は存在しています。その数字を知っているかどうかはともかく、誰にとってもその数字は一つだけです。

数字にはこのような性質があるため、統計では数字が使われます。ところが、その統計数字も、「その数字が何を意味するか」という解釈がなければ何も主張することはできないので、使うことができません。

例えば、人口という数字（事実）は判断の基準によって「よい」とも「悪い」とも解釈できます。日本の人口は近年減少していて、少子高齢化が社会問題として取り上げられています。日本全体の経済発展を考えれば、人口減少は需要や生産人口の減少を意味するのでマイナスです。しかし、資源の消費や環境への影響という点ではプラスにも解釈できるわけです。

このように、数字という客観的事実を扱うときでも、目的にあった正確な解釈を示すことが大切です。

CASE

起業したいなら、あの会社に転職すべき？

「A社出身者は起業して成功している。将来起業したいからA社に転職しよう！」
この判断は、果たして正しいのでしょうか。次のようなデータがあるとします。

（N＝200人）※社会人起業した人をランダムに抽出

①A社出身&起業成功（20人）
②A社出身&起業失敗（150人）
③A社出身でない&起業成功（10人）
④A社出身でない&起業失敗（20人）

A社出身者とA社出身でない人の起業成功者の数を比べると、たしかにA社出身者が多いです。

一方、起業して成功した人の割合を計算するとどうでしょう。

下の図のように、A社出身者の起業成功率は11・8%程度、A社出身でない人の企業成功率は33・3%程度となり、A社出身でない人のほうが成功率は高いことがわかります。

この計算結果をそのまま解釈すると、こうなります。A社出身者は起業した人が多いために成功者が多いのであって、決して勝率が高いわけではない。

図18　A社出身者は起業で成功するか？

	起業で失敗	起業で成功	小計	成功率
A社出身	150人	20人	170人	11.8% (= 20/170)
A社以外出身	20人	10人	30人	33.3% (= 10/30)
小計	170人	30人	200人	

そうであれば、起業して成功したいときにA社に行く必要はありませんね。これが統計的な因果関係の推論です。

とかく私たちはA社出身の起業成功者ばかりを見がちで、A社出身の起業家で失敗した人のことは忘れています。これを「生存者バイアス」といいます。

数字を使うと大小が具体的にわかるため、この手のバグを排除できます。

特に現代ではインターネットで情報検索し、そこから必要な情報を入手し、買い物をしたり申し込みをしたりするようになりました。そうなると、人の行動の多くがデータで残るようになり、GoogleやAmazonなどは私たち以上に、私たちのニーズや嗜好性について知っているかもしれません。この分野を学術的に考えたものの一つに「行動経済学」があります。行動経済学では、人々の経済活動を中心に定量的に数字を使って研究しています。

この時代についていくためには、上手に数字と付き合っていくことが必要かもしれません。

個人的には、社会で「統計学」を使う機会は、今後もっと増えると考えています。それは、この章でも扱った「偏差値」という統計学の道具が、上手に実態を表現できたことからもわかるのではないでしょうか。そういう意味では、文系・理系関係なく実務として慣れておくとよいと思います。

CASE

本当に感染している？

新型コロナウィルスが流行する少し前の事件です。

元オリンピック体操選手がＰＣＲ検査で一旦は陽性が出ましたが、何度か再検査した結果、実は陰性であることが判明しました。

ここでは私たちが数字を正確に扱えないことで、いかに間違ったイメージを持ってしまうかを検証してみます。

ＰＣＲ検査の結果が陽性だったとして、次のように数字をおいて計算します。計算しやすいように、数字は実際とは異なる仮のものを使用しています。

問題

本当に新型コロナウィルスにかかっている患者がPCR検査を受けると99％の割合で陽性が出るが、1％は陰性になる（「偽陰性」という）。一方、新型コロナの患者にかかていない人が受けても10％陽性が出て（「偽陽性」という）、90％は陰性となる。さて、新型コロナの患者の割合は全人口の0・1％とわかっているとすると、陽性と判断された人が本当に新型コロナにかかっている確率は？

これは大学入試の数学で出る「条件付き確率」と呼ばれる種類の問題です。数学の世界では「**ベイズの定理**」と呼ばれており、統計を使って因果関係を特定することに使われています。

本当に新型コロナに感染しているのか？

「やばい！　99％感染している！」

PCR検査が陽性だったことからそう思うかもしれませんが、検証してみましょう。

・感染している人（0・1％）……陽性が出る（99％）／陽性が出ない（1％）
・感染していない人（99・9％）……陽性が出る（10％）／陽性が出ない（90％）

まとめると4つのパターンがあるので、番号を付けます。

①感染していて陽性が出る
②感染しているが陽性が出ない
③感染していないが陽性が出る
④感染していないで陽性が出ない

今回は検査で陽性が出ているので、①か③のどちらかということになります。

本当に感染している確率＝①の確率／（①の確率＋③の確率）

＝0.001*0.99／（0.001*0.99+0.999*0.1）≒0.00981267≒約1％となります。

計算によると、本当に感染している確率は約1％でした。

もしかすると、想像よりもずいぶん小さいのではないでしょうか？

今回の試算は、実際に起こる確率を計算することで地域や国全体でどれくらいの患者がいるかの実態を求め、自治体や病院などの対応を考えるときに役立ちます。

この計算から導かれる結論は、次の通り。

「陽性反応が出た人も、約99％は実は新型コロナにかかっていない！」

繰り返しになりますが、これは仮定の数字です（実際の検査キットではもっと正確な診断が可能です）。

しかしこう見ると、数字でものごとを捉える大切さがわかります。

普段ニュースなどでは「ある／なし」だけの報道も少なくありませんが、実態を知りたいときには範囲や程度などの数量も大切になるのです。

ここで用いたベイズの定理は、マーケティングの分野でよく使われます。「あるものが売れた要因は何か？」を実際の売り上げの数字から分析します。

例えば、広告を出した場合と出さなかった場合ではどれだけ差が出たのか、実際の数字から検証します。

このように「ベイズの定理」を用いた統計的因果推論は、データがたくさんネットから入手できる今のような時代には、多方面で利用されています。それを分析するデータアナリストという新しい花形職業が登場したのも、このような理由が背景にあるからです。

論争を巻き起こした「モンティ・ホール問題」

最後に、意思決定に関して数字的な解釈を必要とする有名な問題を一つ紹介しておきます。条件付確率（ベイズの定理）を使った問題で、90年代に論争を巻き起こしました。

解答と解説は長くなることに加え、難解で混乱を招く可能性があるため、本書には記載しません。気になる人は、インターネットで「モンティ・ホール問題」と検索してみてください。有名な問題なので、解説したサイトや動画がたくさん出てきます。

問題

プレーヤーの前に閉じた3つのドアがあって、1つのドアの後ろには景品の新車が、2つのドアの後ろには、はずれを意味するヤギがいる。プレーヤーは新車のドアを当てると新車がもらえる。
プレーヤーが1つのドアを選択したあと、司会のモンティが残りのドアのうちヤギがいるドアを開けてヤギを見せる。ここでプレーヤーは、最初に選んだドアを、残っている開けられていないドアに変更してもよいと言われる。さて、プレーヤーはドアを変更すべきだろうか？

あなたはどう思いますか？

第5章の処方箋

病名　大きさオンチ病

症状

程度や数字の情報を省き、「ある／なし」に単純化してしまう症状があります。いったん数字を省いて単純化すると、実態がわからなくなるので注意してください。

お薬（対策）

- 情報を「ある／なし」のように単純化せず、もとの数字をそのまま使いましょう。
- 数字を省く場合は、段階的な程度を表す表現を使いましょう（雨が「降る／降らない」ではなく、「確実に降る／たぶん降る／たぶん降らない／確実に降らない」のように）。
- 数字は正しい解釈とともに使いましょう（例えば、テストの点数は平均点や偏差値がなければ相対評価できません）。

第6章

問題解決の論理

本章であつかう病

□「バスケットボールをすると身長が伸びる」（因果相関混同病）

□「カレー食べたらテストの点数がよくなった」（思い込み病）

□「日本経済停滞の原因は教育にある」（犯人捜し病）

「バスケットボールをすると身長が伸びる」(因果相関混同病)

私たちは日常生活の中でさまざまな課題や問題に出会い、それらを解決しようと努力します。この問題解決はコンサルタントの得意分野でもあります。

問題解決に必要となるのが「因果推論」です。「因果推論」とは、原因と結果の関係を考えて推論を進めることです。**望むような結果を導くには、もとになる原因を特定し、それを変化させること**。これが問題解決の原則です。

何度も出てきた例ですが、次の因果推論についてもう一度考えてみましょう。

「バスケットボールの選手は身長が高い。よってバスケットボールをすると背が伸びる」

この文章のおかしさは「相関関係」と「因果関係」という概念で説明できます。「バスケットボール選手の身長が高い」ということから「バスケットボールをすると身長が伸びる」ということは導けません。バスケットボール選手が周囲の人より身長が高いことは事実です。

想像できることとしては、ゴールが高いところにあるバスケットボールの競技の性質上、身長が高いとゴールに近いため有利である。その特徴から、身長の高い人が選手として残っていくのかもしれません。これは正しいように思えます。

「バスケットボールの選手である」ことと「身長が高い」という事実が同時に起こりやすいときに「相関がある」といいます。別の言い方をすると、「一つの事象の性質が強くなればなるほど、もう一つの事象の性質も強く（または弱く）なるとき、相関（関係）がある」といいます。

簡単な例では、身長と体重には相関関係があります。一般的には、「身長」が高くなるほど「体重」は大きくなる傾向があるからです。これは統計的な事実で、私たちも経験上よくわかっています。

「身長」と「体重」の例は、初歩の統計学で相関関係の典型例として教えられます。クラスの中でサンプルを30名くらいとって、身長が縦軸、体重が横軸のグラフに示せば、点は右肩上がりに散らばります。

統計学の用語ではこれを程度の数字で表した「相関係数」で関係の強さを表現したり、関係が近いグラフ上の直線で表したりします。

ここで注意したいことは、**相関する2つの間には時間の前後（Aが起こったからBが起こる）や因果関係（AはBの原因である）は必ずしも存在しない**ということです。

「バスケットボールをすると、身長が伸びる」という例では、そこに時間の前後や因果関係を勝手に想定してしまっています。しかし、「バスケットボールをしていること」と「身長が高いこと」の間にあるのは、相関関係だけなのです。

大事なのは、相関関係があるときに時間的な順序や因果関係を勝手に想定しないことです。

しかし、なぜ私たちはそのような誤解をしがちなのでしょうか。それには理由があります。それは「疑似相関」で説明できます。

「バスケットボールの選手であること」と「背が高いこと」は、相関関係はありますが因果関係はありません。この2つを結び付けているのは「(ゴールの位置が高い)バスケットボールでは、背が高いことが有利」という事象です。

このように2つの事象を関係づける第3の事象があって初めて関係が説明されます。このようなときに、もとの2つの関係を「疑似相関」と呼びます。つまり「擬似相関」とは、2つの事象に相関関係があるときに、見えない第3の要因により因果関係があるように見えることです(少し厳密ではない言い方ですが、ここではそのように解説します）。

キャリアの分野でもこのような推論はときどき見受けられます。

「A社出身者は起業で成功する！　起業で成功したいからA社に行こう！」

でも、採用の現場を見てみれば、A社はもともと事業をつくれそうな人材を採用しており、その人たちは起業にも適性のある人でした、ということもありそうです。

思い通りの結果を出すためにすることは？

相関を考えるだけでは思う結果が出ないのであれば、何をすべきでしょうか。

それを考えるために、こんな事例を考えてみましょう。

部屋に入ったときに部屋の電気がつかない！

このときの思考プロセスを考えてみましょう。あなたは次のように原因を考えていくのではないでしょうか。

スイッチがオフになっている？
リモコン？
壁のスイッチ？
蛍光灯が壊れている？
ブレーカーが落ちている？
停電？

例えば、スイッチが2つあるときにはそれぞれを「オン／オフ」の2×2の4通りで試してみて、実際にどこが壊れているか特定します。リモコンの電池が切れているなら、壁のスイッチを「オン／オフ」にすることで解決します。リモコンと壁のスイッチのどちらをいじっても変わらないときは別の可能性があります。隣の部屋の電気がつくか確かめれば、停電やブレーカーが落ちている可能性を消せるので、残る選択肢は限られてきます。

この一連の行為が、問題解決の基本プロセスです。**問題解決とは、変えたい現象（問題）の原因を特定し、その原因を変えることで望む結果を得ること**なのです。

ただ、しっかり原因を特定しないと、違うところをいくらいじっても問題は解決しません。この原因を見つける行為が、これまで学んだ因果推論になります。原則はこれだけですが、「原因」を見つけることは場合によっては難しいこともあります。特に強調したいのは、本当の根っこにある原因（「真因」といいます）を見つけることが大切で、その場合は結果の現象面から因果関係を何度も掘り下げて探すことが必要になってきます。この「何度も」現象から原因を掘り下げるときに「なんで○○になるの？（WHY）」を繰り返すため、この要因分析のプロセスは「ファイブ・ホワイズ・

アプローチ」と呼ばれることもあります（5回WHYを続けて問うとだいたい真因に近づくから）。

問題解決とは、因果推論そのものである

「売り上げをどうやって上げるか？」
「睡眠時間をどう確保するか？」

ビジネスでも日常生活でも、問題を解決したければ原因を特定する必要があります。しかし、原因を見つけることは実はそれほど簡単ではなく、学問の世界でもその探求は今も続いています。

例えば、古くはジョン・スチュアート・ミルが因果関係の必要条件として次を挙げています。

X（原因）→Y（結果）のとき、

（1）XはYよりも時間的に先行していること
（2）XとYの間に関連があること
（3）他の因果的説明が排除されていること

この3条件に加え、次の諸条件も因果関係の主張のための必要条件とされることがあります。

- XとYの間に処理と効果の関係があること（実験的に一方の変数を変化させると、他方も変化すること）
- XとYの間に因果関係を想定することが妥当と考えられる理論的裏づけがあること
- データの収集方法が適切であること
- データ解析が適切であること

しかし、これらの条件を満たしても因果関係の存在は証明できません。必要条件ではあっても十分条件ではないのです。ここでは因果関係、因果推論の厳密な定義は説明はしませんが、日常生活の中でも起こっている普遍的な要素として次の条件を満たすものを「因果関係」と少しゆるく定義します。

（1）XとYの2つの事実が存在すること
（2）XはYよりも時間的に先行していること
（3）Xが変化するとYが変わること（逆は成り立たなくてもよい）
（4）他の因果的説明が排除されていること

非常におおざっぱに言うと、**因果関係とはXが変わるとYが確実に変わる2つの関係**です。その関係を推測することが因果推論です。

因果関係であるかどうかを判断する方法を一つ挙げておきましょう。

これは、すでに説明した命題論理の原則から導くことができます。

「XならばYである」という現象が因果関係にある
ここは実務ベースで先に進みましょう。

因果関係があるXとYについて(X=>Yの順)、Yが望ましくない状況であるときにXを変えることで望むようなYにすることが問題解決の原則です。

わかりやすく言い換える次が問題解決の方法論です。

「問題があるときに原因を特定して、その原因の部分を変化させることで問題を解決する行為」

このような見方をするなら、問題解決は問題点の原因を見つけることが第一歩です。それが特定できれば、望ましい結果になるように原因の部分を変えればよいのです。

例で説明します。

水は0度以下になると凍ります。気圧など細かいことはここでは考えません。
気温10度のとき、コップの水は水のままです。
でも、今暑いので氷を食べたいとします。
このとき、コップの水を冷凍庫に入れれば0度以下になり氷になります。

原因：水が0度以下になる
↓
結果：水が凍る

この「XのときにYになる」というのは最も単純な因果関係の形式ですが、これが大原則で一般的な問題に対して適用しようというのが、ここでの主張です。

この例からわかるように、問題解決とは現状（結果）のもとになっている原因を特定しそれを変化させる行為です。したがってその因果関係を見つけることが第一歩ということになります。原則的にはもうこれだけですが、実際に因果関係を特定することはそれほど容易ではありません。さらに因果関係が単純な1対1であるとは限らず、複数の要因が絡んで結果に結びついていることも多々あります。

そうはいっても「因果関係」の特定は難しい！

相関関係は、サンプルの数字を比較することで、「相関係数」という「相関」の度合いを示す数字を導くことができます。変数がたくさん出てきても、スプレッドシートに数字を入力して関数を選べば一瞬で計算できます。

しかし「因果関係」は科学でも定義することが難しく、先ほど登場したジョン・スチュアート・ミルは、「これは人間の主観であり確認することはできない」と言っています。詳しい彼の主張はこうです。

Aがあったあとに B が起こると、そこには「因果関係」があるかもしれない。「因果関係」を確かめるためには、Aが起こらなかったらBが起こらないことがわかればよいが、現実的にそれは無理である。そうであれば、このような演繹的な推論は意味がなく、経験則をもとにした推論が大切である。

「相関」は帰納的な結論、「因果」は演繹的な法則

相関関係は多くのデータから経験的に関連があることを結論付けているので「帰納」を使っています。因果関係は前後の強いつながりをルールでまとめているので「演繹」に使う法則です。問題解決で使うのは、主に「演繹」を使った推論です（仮定を得る

ところで帰納を使うこともある)。

ここまで見てきたように、問題解決に必要なのは「因果関係」を特定して「原因」を変えることでした。

しかし、「因果関係」と「相関関係」の違いがわからない場合には、この方法を上手に使うことができません。そういう意味でも、ここで解説していることは日々の問題を解決するためには大変重要であることがわかります。

図19　問題解決の方法論（プロセス）

「カレーを食べたら、テストの点数がよくなった」(思い込み病)

「カレーを食べたら、テストの点数がよくなった」

この文章を考えてみましょう。さすがに掲題の主張をそのまま鵜呑みにすることはないと思いますが、同じ類の「○○をしたらうまくいった」という成功体験談はちまたにあふれています。言い換えると、次のようになります。

「AをしたらBになった」

Aという事前の行為がBという結果(この場合はよい結果)につながったと判断しているわけです。これをバグだと認識しにくいのは、Aという行為もBという行為も実際に発生していて、特にBのよい結果は変わらないために評価が甘くなってしまうからです。これを本書では「思い込み病」と呼びます。

成功談は後出しジャンケン

「○○をしたらうまくいった！」という成功体験談はたいてい後出しジャンケンであり、完全な結果論です。日常でありそうな例を、もう少し挙げてみます。

- ○○を食べたら体重が減った！（同時に運動してなかったっけ？）
- ○○をやってから会社がうまくいった！（外部要因では？）
- ○○と言ったら選考に受かった（または落ちた）！（それ言わなくても同じだったんじゃない？）

もちろん、実際に前後の現象に関係がある例もあるでしょうが、無関係の場合が大半でしょう。

「○○をしたらうまくいく」という文はシンプルで理解しやすいため、私たちは「思い込み病」に陥りがちです。たまたま思いついた2つの事象を勝手に結びつけてしまうのです。

正しく原因と結果を結びつけることは、実はそれほど簡単ではありません。

このバグに対処するには「結果は本当に○○を行った結果なのか？　実はほかに原因があるのではないか？」という検証をするほかありません。

実験や研究では当たり前ですが、日常生活ではこのあたりをショートカットしがちです。むしろ、いちいちこの手の指摘をする人は、周りから「面倒くさいやつ」などと思われるかもしれません。

やっかいなのは、成功者の自叙伝などにこのパターンのバグが散見されることです。成功した事実は変わらないので、成功者が「○○をやったから」だと原因を主張すれば、何を言ってももっともらしく聞こえてしまいます。

私はコンサルタントとして、このような事例をたくさん見てきました。ＩＴ企業の業績がよく見えても、それは施策がうまくいったからではなく、たまたまその時期にＩＴバブルだった、他社のサービスによりネットユーザーが爆発的に増加したなど、外部要因が追い風になっただけかもしれません。

書店でビジネス書のコーナーを見れば、「〇〇で会社は儲かる！」といったタイトルが多く並んでいます。それは「思い込み病」にかかっている人が多いからです（あ、この本も思い込み病!?）。

思い込み病を利用するゲン担ぎ

うまくいっているときには、うまくいったときにしていた行動を繰り返して「ゲン担ぎ」をしたくなります。

面白いことに「ゲン担ぎ」をすると結果がよくなることが心理学などの実験でわ

かっています。プロスポーツ選手は自分のルーチン」を持っている人が少なくありません。そういう意味では、思い込みがよい結果を導く解決策になることもあります。

「ゲン担ぎ」は人間の錯覚（バグ）から生まれていますが、上手に活かせるなら、使っても悪くはないと思います。ただし、「ゲン担ぎ」だと自覚していれば結果に対する期待は大きくないでしょうから、実害はありません。ただし、真剣に問題を解決したいときには真の原因に対してアプローチしなければ、期待する状況の改善は見込めません。

「思い込み病」は発生頻度が高く、無自覚の場合には問題がまったく解決されずに放置され、状況は少しもよくならないので、実は最も注意すべきバグの一つです。

「日本経済が停滞している原因は教育にある」（犯人捜し病）

「日本経済が停滞している原因は教育にある」

これもよくある論理バグです。

簡単な文章は、主語と述語が1つずつの単文です。このフォーマットにしたがい、「〇〇の原因は〇〇である」というかたちに落ち着けがちです。

「マークシート病」や「二択病」は脳が簡単な1つの答えを欲していることから発生していますが、この「犯人捜し病」も1つだけの原因を求めているという点で同じです。

このようなシンプルな文はわかりやすく、内容に違和感がなければ受け入れやすいでしょう。しかし、日本経済の停滞の原因にはさまざまあり、1つの要素だけを犯人にするのは無理があります。

これも、書店のビジネス書コーナーなどでよく見かける論理です。本のタイトルや宣伝文句に比較的よく見るフォーマットを例として挙げてみます。

「○○がダメだから○○である」
「○○さえすれば○○である」
「必要なことはすべて○○で学んだ」
「英語は○○で十分！」

原因が1つでないなら、どうする?

シンプルに考えたくても、現実はもっと複雑です。**複数の要因をきちんとすべて洗い出して特定する必要があります。**

一般的に、多くの要因が関わって一つ事象が起こっています。そのため、情報は極めて多くなります。それが多すぎて理解しにくいため、私たちは単純化して、「たった一人の犯人」をつるしあげて満足しているのです。

原理的な話をするなら、かかわっているすべての要因を洗い出して、その中でもどれが結果に対して影響が大きいかを調べると、犯人は絞れてきます。

例えば理科で、大気中の二酸化炭素の量を減らしたいときには、発生にかかわる要因を調べて、その中から変えられるものを選んで対処しようとします。技術、生活スタイル、交通量など多くの要因が考えられ、生活スタイルと交通量など絡み合っている要因もある中で、いくつかの要因を選んで策を練る必要があります。

複数の要因があり、それらを数量で表現できる場合には、「多変量解析」を使えば、複数の変数間の相関を数量的に試算することができます（ただし、因果関係を扱うときには人間の解釈が必要です）。

CASE

炭酸飲料の売り上げを改善したい

炭酸飲料Cの売り上げが伸びていない。この状況を改善したいとき、どうすべきか。

まずは売り上げが伸びていない原因を探します。

原因はいくつか考えられますが、例えば値段が高い、味がまずい、近所に売っているところがない、健康に悪そうなどさまざまな要因が候補として挙がります。

実際には、これら複数の要因が程度の差こそあれかかわっていると思います。これらの要因が特定されている場合は、アンケートなどを実施して複数の消費者の回答を集めることで統計的に判断できます。

例えば、街頭やネットで1000人に「なぜ、Cを飲まないのですか?」と聞いて、次のような回答が得られたとします。

「なぜ、Cを飲まないのですか？」 有効回答数（N＝230）

- 値段が高い：56名
- 味がまずい：17名
- 近所に売っているところがない：11名
- 健康に悪そう：146名

このデータから、このサンプル抽出などが適切な場合は、「健康に悪そう」という要因が最も影響が大きいことがわかります。

そこで解決方法としては、「健康に悪そうでないように改良しよう！」ということになります。ここでもう一段の考察が必要です。

「健康に悪そう」を改善するためには、どうすればよいでしょうか。

現象ではなく原因を特定する

もとの問題が一段解析され、次の問題に入っていきます。

Cを飲まない↓健康に悪そうなイメージを変える

問題の焦点が絞られましたが、もう少し具体化できそうです。「健康に悪そう」なことは何が原因になって起こっている結果なのでしょうか。この現象も何らかの原因が引き起こしていると考えるのが、問題解決の視点です。例えば、砂糖や着色料、炭酸、人工甘味料、添加物などが思いつくのではないでしょうか。

そこで改めてアンケートをとってみた結果、次のようになったとします。

「なぜ健康に悪いと思ったのですか?」 有効回答数(N=300) ※複数回答可

・砂糖:230名

- 着色料：83名
- 炭酸：197名
- 人工甘味料：43名
- 添加物：23名
- その他（なんとなくを含む）：12名

　これをもとに考えるなら、砂糖が含まれることが「健康に悪い」というイメージをつくっていそうなので、砂糖をなくすか減らせば問題は解決できそうです。

　このように現象から原因、そしてそのまた原因と探っていくと、これ以上は先に行けないような根本の要因をつきとめることができます。

　ここで注意点をいくつか挙げておきます。

- 原因を求めるときは事実の情報を集めること

- 原因は複数の候補から客観性をもとに判断すること
- 原因が一つとは限らない。原因が複数ある場合、それぞれの原因がどのくらい関連するかを数字などで評価する
- 原因は一階層とは限らず、何重かになっている可能性がある。その場合は、もとの原因を深く探っていくことが必要

その解決策は実現できるものですか？

問題解決のプロセスで原因を特定したあとは、いかにしてその原因を変化させて、もとの問題点を解消するかを考えるプロセスになります。

このときに発生しがちなこととして、特定した原因を変えることが難しいという事態に直面することがあります。原因はわかっているが、それを変えることが難しいので、問題点として残っていたという状況です。問題の原因を掘り下げていき、対策を

考えてみると、そもそも対策の中に実現できる方法がないわけです。

例えば、ジャンクフードなどの健康に悪い食品を健康志向の人々に売ることは原理的に無理があります。この場合、不可能なことを解決できると誤解して取り組む姿勢こそ真の問題点です。現実策としては、商品で解決することはあきらめ、それ以外のイメージや錯覚を利用したマーケティング戦略や価格に関する戦略にシフトする必要があるでしょう。

問題点を見つけるために因果関係から根っこにある原因を特定しようと掘り下げていくと、解決の糸口が見つかります。

つまり、このような**因果推論を使いこなせることが問題解決力に直結する**のです。

CASE

英語の勉強が続かないときは？

最近は、ビジネスの場面でも英語に触れる機会が増えてきました。日本の英語教育は、中学から大学まで10年間かけているわりには英語を話せる人が少ないという批判があります。けれども、私が大学生を約15年間見てきた経験からいうと、流暢に話せる人の割合は近年確実に増えています。大学生やビジネスパーソン、海外旅行が好きな人などに、英語学習は人気があります。

ただ、「どうしたら英語がうまく話せるようになるか」については、まだ課題があるといえそうです。

そのような背景もふまえ、「英語の勉強をしたいけれど、どうも続かなくて進歩しない」という事例を考えてみます。

勉強が続かない原因は何か？

まずいくつか理由が考えられます。

・時間がない
・お金がない
・方法がわからない
・途中でやめてしまい続かない

これらの中から自分に該当しそうなものを選び、確かめていくと「電気が切れた」問題と同じように原因がわかり、対処の仕方が見えてきます。

ただ、これまでの解説で見た通り、原因は1つだけとは限らず、程度の差もあるでしょう。さらには、これらの要因もパッと思いついたものを挙げただけで、この候補の中に必ず原因が見つかるとは保証されていません。

また、ここで挙げたこれらの要因にはどれも「数字」が含まれていません。数字はファクトを表すことができる便利なものですが、その情報が欠けていると、例えば「時間がない」というのがどれくらいないのかわかりませんし、実際には時間がないと言いつつ、YouTubeを毎日2時間見ていることがあるかもしれません（え、耳が痛いって？）。

「勉強したけど全然うまくならなかった……」

この発言には「数字」が欠けています。どれくらい勉強したのかが明確になっていません。

これが4、5時間だったとしたら、それは当たり前でしょう。ストレスなく日常会話をするためには、200～500時間は必要です。つまり、学習方法の問題ではなく学習量の問題と考えられます。

仮に、問題が勉強時間が足りないことだと仮定します。時間をたくさん使えばよいのはわかっている。でも、できない。それならば、それは学習プロセスの設計の問題です。なんとか200時間くらい継続できる方法がわかれば、この原因が解消し、問題は解決することになります。もしその方法がわからないなら、それこそがこの問題の原因です。

「原因がわからないことが問題の原因」

なんだかややこしいですが、これは非常に本質的な指摘です。だから、ここでの思考プロセスのように原因を網羅し、ピンポイントで特定して、どこを変えるかを明らかにする必要があります。

ここまでくると、ある程度この問題の本質が見えてきました。

「継続して200時間くらい英語を使う、または会話が苦手な場合に学ぶ方法は何がよいか？」

かなり具体的になりましたね！

そうなると、あとはアイデアを出していくことです。

- 英語が公用語の国に半年間住む（留学・ワーキングホリデー）
- 英語を話す同居人を招く
- 外国人がいるシェアハウスに住む……

問題の詳細を掘り下げ、原因を特定するところまでは論理的な思考です。
そこで問題の根っこがわかれば、あとはアイデアをたくさん出して、その中から対策を選ぶことだけが残るのです。
これで、あなたもやっと英語をマスターできますね。

第6章の処方箋

病名　因果相関混同病

症状

2つの事象に相関関係があるときに、因果関係を勝手に想定してしまう症状があります。

お薬（対策）

- 相関関係と因果関係をしっかり区別しましょう。
- 「Xが変わるとYが確実に変わる」という2つの関係が本当に「原因」と「結果」の関係（因果関係）になっているか確認しましょう。

病名　思い込み病

症状

目に見えているAとBという前後の事象を原因と結果だと勝手に判断してしまう症状があります。

お薬（対策）

- 結果論で過去に起こった前後2つの事象を関連づけるときは慎重になりましょう。
- 「Bという事象は本当にAという行為をおこなった結果なのか？　他の要因はなかったか？」を検証しましょう。

第６章の処方箋

病名 犯人捜し病

症状

１つのできごとは複数の要因がかかわって起こることが多いのに、無理に原因を１つに決めつけてしまう症状があります。

お薬（対策）

- 複数の要因をすべて洗い出して、どの要因が結果に対してどのくらい影響が大きいのかを調べましょう。
- 複数の要因同士がどのように関わっているか考えましょう。

おわりに

この章までたどりついていただき、ありがとうございます。人によってはかなり長い道のりだったのではないでしょうか。実は私にとっても長い道のりでした。コンサルティングファームに入った1993年から30年以上たった今、いざ書籍にするためにまとめてみたら膨大な量になり、整理整頓にも時間がかかってしまいました。

自分の頭の中で本書にある思考体系になったのは、2010年あたりです。スローガン株式会社という会社の共同創業者になり、Goodfind（www.goodfind.jp）という「もう一つのキャリアの学校」をつくって、ロジカルシンキングなどのビジネススキルを学生や若い社会人向けに教えるようになり、この分野に再び関心を持つようになりました。まず、何十年かぶりに数学の教科書を開き、「数学基礎論」の復習をし、それから論理学について独学で学びなおして、自分なりに理解を深めました。

数学の復習は以前と同じ学習をするだけなので時間をかけるだけの作業でしたが、その解釈や実業への応用を理論として説明することが難しく、試行錯誤する中で少しずつ理解し、体系化しました。


「世の中で起こっていることをどのように表現し、解釈するか？」は哲学に近いテーマだと思っており、そういう点で数学者はそこに対しては最小限しかかかわりを持ちたくないという立場でしょう。

数学の世界はすべて演繹で記述されています。この表現は実はあまり適切ではなく、「演繹」しか認めないのが数学や論理学のルールです。そしてさらにややこしいのですが、日常で使う「演繹」という言葉とは別に数学や論理学の世界では「演繹」という用語が、その世界の言葉で定義されており、その意味は一般世界の「演繹」とほぼ同じです。

この矛盾のない美しい（これは主観ですね）世界の言葉や規則を使って、現実の世界と上手に対応する場合、矛盾のない規則が現実を表すことになる、それが論理的推論です。

例を挙げましょう。目の前に2個のリンゴと3個のオレンジがあります。全部で5個あります。その計算は次になります。

2＋3＝5

この計算自体は数学の計算で、客観性があり矛盾のない世界です。数式の対象となる現実の世界ではリンゴを持つ人がいるかもしれないし、オレンジはテーブルの上にあるとか、他にもワインがあるかもしれません。でもそれらの多くある情報の中から、リンゴとオレンジという対象だけを選び、かつその数のみを情報として扱うときに、この簡単な足し算と紐づけることができています。

厳密な説明とは少し異なりますが、論理学の世界ではこの対応のことを「解釈」と呼び、また対象と演算のセットのことを「構造」と呼んでいます。イメージとしては論理の世界が、対象となる現実世界とある解釈とつながり、論理の世界の規則性が現実の世界で使われているといったところです。

その解釈もそれぞれで定義し、たとえば「暑い」というのは摂氏30度以上などの規則(定義)により決まります(これはファジー論理の例)。

「暑い」などの形容詞は、基準が決まって「暑い/暑くない」が決まる関数です(メンバーシップ関数)。少しややこしいのは、「暑い/暑くない」は関数で一意的に決まるものの、関数(=基準)が変わると同じ温度でも「暑い」ケースもあれば「暑くない」ケースも出てくることです。この解釈の差が言語ではわからないため、同じ実態でも違った表現になり、同じ対象について考えていても違う言葉で表現されれば考える内容や結論が異なるという事態の原因になります。

現実の世界で同じもの(たとえばリンゴやオレンジ)を見た人たちがそれを言語で記

述するときに、同じ主語を使ったとしても、述語の部分の表現が「解釈」によって変わるため、言語化された部分だけで物事を考えても、互いに相容れなくなることはありえます。だからこそ、最小単位の「AはBである」のようなシンプルな文の単位でみんなの解釈が同じになるようにそろえられれば、周囲と会話しやすくなるはずです。

そしてこのことは「主観」と「客観」についても説明できます。現実世界を言語化して表現すると解釈が入るので、そういう意味では全部「主観」です。ですが、なかには多くの人がよく使う「主観」もあり、みんながそれだけを使うとき、これを「客観」といいます。

例えば、数字などがそれに該当し、3個は誰が見ても3個です。それに2個と3個が合わされば、誰が見ても5個です。これが当たり前に成り立つためには「2個」「3個」「2＋3＝5」を全員が信じて使うという条件が必要です。

――と、このあたりでやめておきましょう（笑）。

もしこの分野をしっかりと学習したければ、記号論理学または数理論理学の分野を学習すると全貌が理解できます。本書で登場している多くの単語は論理学の用語で、「命題」「文」「演繹」「解釈」「構造」「モデル」などはすべて厳密にこの世界で矛盾なく定義され使われています。実は本書で長々と説明した話は全部この論理学の話で学問的には100年くらい前に完成した古い理論です。多くはありませんが、巻末にいくつか参考文献を挙げましたので、関心がある方はぜひ手に取ってみてください。

また、この分野は非常に抽象的でわかりにくいところがあるので、YouTubeなどで面白い動画講座を探してみるとよいと思います。

書きたいことだけをざっと書いてしまいました。哲学については残念ながら知見がないので、変な内容になっているかもしれませんが、素人の戯言程度に流していただけると幸いです。

最後に老婆心ながらの注意です。論理的な思考がはたらくようになると他人の推論のバグに気づくようになりますが、それをいちいち指摘することはやめたほうがよいでしょう。私は仕事柄そういったフィードバックをしますが、普段の生活で自分のバグを指摘された人は、それが真実であるほど気を悪くする可能性が高いからです。余計なお世話で失礼しました。

出版の機会をいただきました株式会社クロスメディア・パブリッシング様と編集をご担当いただいたスローガン株式会社の元同僚、土屋友香理さんに心からお礼を申し上げます。論理学中心の難解な内容に加え、表現力の乏しい筆者の文章をかみ砕いて、細かな編集作業にいたるまで大変お世話になりました。

最後に、本書を通じてみなさんが日ごろの悩みに対してあきらめるところはあきらめ、取り組むところは取り組み、合理的に対処できるようになること、そうして心地よい毎日を送れることをお祈りしています。

参考文献

・ダニエル カーネマン（著）『ファスト＆スロー』（上・下）、村井章子（著・翻訳）、早川書房、2012年

・ジョン・スチュアート・ミル（著）『論理学体系』（A System of Logic, Ratiocinative and Inductive）、1843年

・戸田山和久（著）『論理学をつくる』名古屋大学出版会、2020年

・D・ヒルベルト、W・アッケルマン（著）『記号論理学の基礎（第3版）』伊藤誠（訳）、大阪教育図書社、1954年

・野矢茂樹（著）『論理学』、東京大学出版会、1994年

・ウィトゲンシュタイン（著）『論理哲学論考』（岩波文庫）、野矢茂樹（訳）、岩波書店、2003年

・Cintula, P., Fermüller, C. G., and Noguera, C.: Fuzzy Logic, The Stanford Encyclopedia of Philosophy (Fall 2017 Edition). Edward N. Zalta (ed.). https://plato.stanford.edu/archives/fall2017/entries/logic-fuzzy/.

・Goguen J. A.: Categories of Fuzzy Sets: Applications of Non-Cantorian Set Theory. PhD Thesis University of California, Berkeley. 1968.

・Hamilton, A.G.: Logic for Mathematicians (2nd ed.). Cambridge: Cambridge University Press. 1988.

・Aristotle (Author), A. E. Wardman, J. L. Creed (Translator), Renford Bambrough (Introduction, Commentary), Susanne Bobzien (Afterword): The Philosophy of Aristotle (Signet Classics). Signet. 2011.

[著者略歴]

織田 一彰（おだ・かずあき）

スローガン株式会社 共同創業者／Goodfind 講師
名古屋大学理学部数学科博士課程からアンダーセン・コンサルティング（現・アクセンチュア）に入社し、日米で戦略コンサルタントとして活動。帰国後はシリアルアントレプレナーとなり、多くの株式上場やM&Aを経験。共同創業したスローガン株式会社では大学生向けキャリアスクール「Goodfind」にて、ロジカルシンキングやケース面接対策、社会動向等の講座を担当。名古屋大学客員教授を務めるほか、シンガポール国立大学やインド理科大学院など海外のトップ校でも経営やスタートアップ戦略を教えている。

[監修]

Goodfind（Goodfind.jp）

スローガン株式会社の運営するキャリア支援サービス。大学生・大学院生や若い社会人に対してビジネススクールのように充実した講義を提供する。学生は大部分が無料で利用可能。スローガン株式会社は2021年11月に東証マザーズ（現・東証グロース）に上場。

コンサルの武器《ぶき》

2024年4月1日　　初版発行

著　者	織田 一彰
発行者	小早川幸一郎
発　行	株式会社クロスメディア・パブリッシング 〒151-0051 東京都渋谷区千駄ヶ谷4-20-3 東栄神宮外苑ビル https://www.cm-publishing.co.jp ◎本の内容に関するお問い合わせ先：TEL（03）5413-3140／FAX（03）5413-3141
発　売	株式会社インプレス 〒101-0051 東京都千代田区神田神保町一丁目105番地 ◎乱丁本・落丁本などのお問い合わせ先：FAX（03）6837-5023 service@impress.co.jp ※古書店で購入されたものについてはお取り替えできません
印刷・製本	中央精版印刷株式会社

　ISBN978-4-295-40952-6　C2034